Volunteer at
A High School
Education

高校教育における
ボランティア活動

データと事例に基づく実証的検証

林 幸克 著

学文社

はじめに

　2011年3月11日に起きた東日本大震災は，現代社会に生きる我々に様々な問題を投げかけた．震災後の混乱期においても保たれる日本人の秩序や規律，マナーに対して，海外から称賛の声が寄せられる中，ボランティアに関わる問題も表出した．ボランティアの需給のミスマッチに関わるコーディネートの問題，被災地に行く復興支援ボランティアの在り方に関する問題，ボランティアと称した震災泥棒の出現等が挙げられる．

　その一方で，ボランティア休暇制度が拡大する様相を見せていることなどはボランティアに対する社会的認知を広める一助となり得るという意味で注目に値する．また，被災地でのボランティア活動が評価され，実刑判決が執行猶予判決になった事例は，司法機関がボランティア活動の更生効果を認めた点で画期的である．

　本書との関連でみると，第83回選抜高等学校野球大会に出場した東北高校の生徒の活躍は看過できない．震災後，練習再開の目途が立たない中で避難所での給水活動等に従事する姿，様々な支援を受けながら大会に出場して地元に勇気と元気を与えた姿，それらはボランティアの原点に通じるものがある．

　今日の生涯学習社会では，子どもから高齢者まで，それぞれの発達段階に応じて地域社会との関わりを持ち，その中で人間関係形成力や社会参画力，自治的能力などを身に付けていくことが重要となっている．そうした諸能力の涵養を図る上で，ボランティア活動の有する効力は大きい．

　本書では，様々な発達段階の中でも在学青少年，特に高校生のボランティア活動に着目した．生涯学習の基礎を培う段階にある高校生がボランティア活動に取り組むことの意義はきわめて大きい．また，大学等への進学率が50％を超える今日，高校在学時にボランティア活動を体験し，それを身近に感じることができるようになれば，大学生等の学生や社会人になっても，ボランティア

活動に対する抵抗感を持つことなく取り組むことが期待できる．高校生がボランティア活動に取り組む場は様々であるが，本書ではそれらの活動成果が高等学校においてどのように評価されているのかに焦点を当てた．ボランティア活動の評価に関しては，ボランティア活動の基本理念（自発性，無償性，公共性，先駆性など）を勘案しながら吟味する必要がある．しかしながら，ただ漫然とボランティア活動を行うのではなく，取り組みを正当に評価することによって，さらなる活動への動機づけとなり，継続性・発展性のある活動へとつながりやすい側面があることもまた否定できない．

　以上の問題意識のもと，ボランティア活動の成果を評価するという観点から高等学校におけるボランティア活動（学校外で行われるもの）の単位認定を取り上げ，その実施状況や認定基準，具体的な取り組みや認定する上での課題など，単位認定を取り巻く現状と課題を実証的に明らかにした．また，それに関連して，学校教育の一環として行われているボランティア活動についても，その実情を検討した．

　ボランティア活動に焦点を当てた研究成果は少なく，その知見が報告されるようになるのは1990年代半ば以降であり，ボランティア活動に関する研究は，1990年代半ばから今日に至る約10年が萌芽期にあたる．また，これまでは福祉教育との関連から，障害者施設や高齢者施設などの施設を中心とした社会福祉制度の在り方やそれに関わる市民に対する啓発・啓蒙についての論考が中心であった．高等学校や高校生を研究対象として取り上げたものは少なく，これからの研究成果の蓄積が待たれる分野・領域であり，本研究はその一助になるものと考えている．団塊の世代が地域参画する際の一つの手段・方法としてボランティア活動が注目されている昨今，生涯学習の基礎を培う意味で高校生のボランティア活動は奨励され，今後，その動きが強まるものと思われる．そこで，高校生前後の発達段階で取り組むボランティア活動の評価の在り方に関して，本書の成果を関係者各位に活用していただければ幸いである．

2011年5月

林　幸克

目 次

はじめに　*i*

概　要　*1*

第1章　ボランティア活動等体験活動に関する施策・支援 …………… *11*
第1節　政策動向のレヴュー　*11*
第2節　校内支援体制の現状　*34*

第2章　教育課程におけるボランティア活動 ………………………… *49*
第1節　データでみる現状　*49*
第2節　学校行事における実践　―大阪府私立聖母女学院高等学校の事例―　*66*
第3節　部活動における実践　―佐賀県立高志館高等学校の事例―　*79*

第3章　ボランティア活動の単位認定 …………………………………… *92*
第1節　データでみる現状　*92*
第2節　実践の検証①　―岡山県私立倉敷翠松高等学校の事例―　*102*
第3節　実践の検証②　―神奈川県立横浜清陵総合高等学校の事例―　*115*

第4章　地域性を活かした取り組み ……………………………………… *130*
第1節　データでみる現状　*130*
第2節　中山間地域における実践　―和歌山県立大成高等学校の事例―　*142*
第3節　伝統・文化を活かした実践　―徳島県立板野高等学校の事例―　*155*
第4節　社会教育における実践　―山形県「YYボランティア」の事例―　*170*

おわりに　*182*

あとがき　*188*

概 要

1 目 的

　1998年の文部省(現文部科学省)告示により,ボランティアの単位認定に関して,「ボランティア活動その他の継続的に行われる活動(当該生徒の在学する高等学校の教育活動として行われたものを除く.)に係る学修で文部科学大臣が別に定めるもの」(学校教育法施行規則第63条の4第3号)が,校長によって教育上有益と認められる場合には科目の履修とみなし,単位を与えることができるようになった.また,ボランティア活動の単位認定を奨励する以外に,学校内にボランティアセンターを設置する,学校設定科目としてボランティア関連科目をカリキュラム化するなど,教育課程内外を含めた高校生のボランティア活動支援を行う高等学校が散見されるようになってきた.

　筆者のこれまでの研究で,高校生や高等学校の教師は,ボランティア活動の単位認定を含めた評価に関して非常に肯定的であることを明らかにしてきた.その一方で,教師個人や学校組織としての支援体制が複雑化しているため,また,ボランティア活動の内容も多種多様であるため,それらに関する指標を定めて類型化する必要性が課題として出てきた.

　そこで,以下の観点から,ボランティア活動の単位認定の実施動向とその具体的な実情を明らかにすることを目的とする.それを踏まえて,単位認定に関わる諸課題を検討し,高等学校におけるボランティア活動の単位認定及び高校教育におけるボランティア活動支援の在り方を考察する.

(1) 単位認定した生徒数の年度別変遷と認定した単位数
(2) 単位認定の基準となる学修時間とボランティア活動の具体的な内容
(3) ボランティア活動の教育課程上の位置づけ
　　　教育課程内であれば,活動が行われている領域(教科〈科目名〉,特別活動〈ホームルーム活動,生徒会活動,学校行事〉,総合的な学習の時間)は

どこに相当するのか．教育課程外であれば，学修時間などをどのような方法で確認し認定しているのか．また，活動先の外部諸機関との連携・協力をどのように図っているのか．

(4) 単位認定以外のボランティア活動支援体制

　学校内に独自のボランティアセンターやボランティア・コーディネーターを設置したり，活動を記録するボランティア・パスポートなどを作成・活用しているか．

2　方　　法

　方法に関しては，定量的調査として，(1)郵送調査法による質問紙調査，定性的調査として，(2)聞き取り調査と，(3)文書資料の収集・検討を行った．複数の技法を組み合わせて調査を行うことをトライアンギュレーション（多元的方法・三角量的方法）というが，本書の依拠する方法論はそれに該当する．調査データを複眼的に捉え，説得力の高い分析・考察をするために(1)(2)(3)を組み合わせたトライアンギュレーションを研究方法とする．

　研究規模に関して，(1)郵送調査法による質問紙調査については，全国5322校の高等学校を対象に悉皆調査を行った．調査に係る労力や時間，経費などを勘案すると負担は大きいが，全国的なボランティア活動の単位認定の現状を把握し，認定する学校数等の推移を明らかにするためには悉皆調査が妥当であると判断した．(2)聞き取り調査については，全国を8ブロック（北海道，東北，関東，中部，近畿，中国，四国，九州・沖縄）に分類して，各ブロックから単位認定をしている高等学校や特徴的な実践をしていると判断した高等学校を選定した．(3)文書資料の収集・検討については，質問紙調査の中で活動の記録誌や報告書などを作成していると回答した学校に対して文書資料の郵送依頼を行った．

3 結果の概要

(1) 質問紙調査

① 回収状況

2008年7月11日に調査票を郵送にて一斉に配布し，2008年9月1日を締め切りに回収した．しかし，締め切り後も調査票が多数返送されてきたため，10月末日までに到着した調査票を分析対象とした．

送付数（全日制課程：5094校，定時制課程：182校，通信制課程：46校）

5322校

回収数・回収率　　　1556校（回答拒否2校，統合・閉鎖5校も含む）

29.2％

有効回収数・回収率　1549校　　　　　　　　　　　　　　　　　　29.1％

② 基本属性

1）学校の設置形態は，「都道府県立」が69.4％で最も多く，以下，「私立」25.5％，「市区町村立」4.5％，「国立」0.5％，「その他」0.1％であった．

2）種別をみると，「全日制課程」94.1％が最も多く，「定時制課程」3.9％，「通信制課程」2.0％と続いた．

3）学科（複数回答）では，「普通科」76.5％が最も多かった．以下，「商業科」11.7％，「工業科」10.0％，「農業科」6.1％，「総合学科」5.2％，「家庭科」4.4％，「福祉科」2.5％，「情報科」1.8％，「看護科」1.6％，「水産科」1.0％となった．

③ 学校外のボランティア活動

1）生徒が学校外で行っているボランティア活動について，「単位認定している」8.1％，「単位認定していない」91.9％であった．「単位認定している」と回答した学校で，単位認定を始めた時期は，「平成18年」19.2％，「平成19年」17.5％，「平成16年」10.8％，「平成15年」10.0％，「平成17年」10.0％が比較的多かった．

2) 2007（平成19）年度に単位認定した生徒数は，「0人」31.9％，「1～9人」31.1％，「10～19人」10.9％，「20～29人」6.7％，「30～39人」5.9％，「40～99人」5.9％，「100～199人」2.5％，「200～299人」3.4％，「300人以上」1.7％であった．単位認定の基準となる学修・活動時間は，「35時間」73.5％，「1～34時間」15.4％，「36時間以上」11.1％であった．生徒一人について認定した単位数の下限は，「1単位」85.8％，「2単位」12.3％，「3単位」1.9％であった．他方，上限は，「2単位」57.9％，「3単位」31.6％，「5単位以上」10.5％であった．
3) 生徒が活動した場所（複数回答）は，「高齢者施設」55.2％，「保育所」34.4％，「障害者施設」34.4％，「幼稚園」24.8％，「社会福祉協議会」24.8％，「特別支援学校」21.6％が比較的多かった．
4) 生徒のボランティア活動の単位認定について，「認定していない」と回答した学校で，今後の単位認定の予定に関して，「ある」1.9％，「ない」98.1％であった．

④ 学校教育の一環としてのボランティア活動
1) 普通教育（国語，地理歴史，公民，数学，理科，外国語など）に関する各教科・科目におけるボランティア活動の扱いについて，「取り上げている」12.2％，「取り上げていない」87.8％であった．専門教育（農業，工業，商業，水産，家庭，看護，情報，福祉，理数，体育，音楽，美術など）に関する各教科・科目では，ボランティア活動を「取り上げている」16.4％，「取り上げていない」50.3％，「専門教育に関する各教科・科目はない」33.3％であった．学校設定教科・科目（「産業社会と人間」など，各学校が生徒や地域の実態などに応じて，特色ある教育課程を編成するために設けたもの）でのボランティア活動について，「取り上げている」10.2％，「取り上げていない」89.8％であった．
2) ホームルーム活動でのボランティア活動の取り組みに関して，「全部の学年・クラスで取り組んでいる」15.5％，「取り組んでいる学年・クラスがある」

22.2％,「取り組んでいない」62.3％であった．

3) 学校行事におけるボランティア活動の取り組みについて,「取り組んでいる」58.3％,「取り組んでいない」41.7％であった．「取り組んでいる」場合の行事の種類（複数回答）は,「勤労生産・奉仕的行事」85.4％,「学芸的行事」12.0％,「健康安全・体育的行事」9.3％,「旅行・集団宿泊的行事」5.1％,「儀式的行事」4.6％であった．

4) 生徒会活動でのボランティア活動の取り組みに関して,「取り組んでいる」66.4％,「取り組んでいない」33.6％であった．

5) ボランティア活動に取り組んでいる部活動やサークル,同好会の有無について,「ある」67.7％,「ない」32.3％であった．

6) 総合的な学習の時間でのボランティア活動の取り組みに関して,「全部の学年・クラスで取り組んでいる」8.0％,「取り組んでいる学年・クラスがある」19.0％,「取り組んでいない」72.9％であった．

7) 学校内において生徒のボランティア活動に関する相談にのったり,情報提供などをする組織・機関（ボランティアセンターなど）の有無について,「ある」27.4％,「ない」72.6％であった．また,学校内でボランティア活動に関する相談や情報提供などをする人（ボランティア・コーディネーターなど）の有無については,「いる」21.9％,「いない」78.1％であった．

8) 生徒がボランティア活動に取り組んだ際にその内容や時間などを記入する様式（ボランティア・パスポートや活動記録用紙など）の有無について,「ある」19.5％,「ない」80.5％であった．

9) 生徒のボランティア活動に関する報告書の作成（複数回答）は,「学校全体で作成している」17.1％,「生徒会で作成している」11.6％,「部活・クラブで作成している」18.3％,「作成していない」59.3％であった．その報告書の内容に関して,「学校全体で作成している」場合,「活動記録」80.8％,「生徒の感想」64.9％,「教師のコメント」21.9％,「学外者等のコメント」12.8％,「その他」4.9％であった．「生徒会で作成している」場合は,「活動記録」81.6％,「生徒の感想」55.9％,「教師のコメント」17.3％,「学外

者等のコメント」6.7％，「その他」3.9％であった．「部活・クラブで作成している」場合では，「活動記録」87.3％，「生徒の感想」56.9％，「教師のコメント」22.3％，「学外者等のコメント」7.1％，「その他」2.8％であった．

10) 学校教育の一環としてボランティア活動に取り組む際，地域社会のどのような施設・機関で活動しているか（複数回答）では，「高齢者施設」61.3％，「障害者施設」41.1％，「保育所」37.0％，「社会福祉協議会」34.1％が比較的多かった．

⑤ 自由記述（生徒のボランティア活動を支援する意義・課題）

1) 意義として，「進路選択・キャリア形成への寄与」（80件），「異質な他者との出会い」（54件），「豊かな人間性の育成」（52件），「ボランティア意識の育成」（51件），「地域社会との連携促進」（50件）が比較的多く挙げられた．

2) 課題では，「校内支援体制の未整備」（81件），「教員の多忙化」（56件），「活動時間の確保」（55件），「地域社会との連携」（53件），「自主性の尊重」（51件）が比較的多かった．

(2) **聞き取り調査**

① 聞き取り対象校の選定

2009年5月7日に30校に対して聞き取り調査への協力可否の打診を文書にて行った．その結果，8校から協力受諾の返事をもらった（2009年6月12日締切）．その8校に対して，2009年6月17日に訪問日時と聞き取り項目一覧を送付した．

この結果を受けて，2009年6月19日に13校に対して同様の依頼を行った．その結果，2校から協力受諾の返事をもらった（2009年7月21日締切）．その2校に対して，2009年7月21日に訪問日時と聞き取り項目一覧を送付した．また，さらに，2009年7月22日に2校に対して同様の手続きで依頼を行い，1校から協力受諾の返事をもらった（2009年8月14日締切）．その1校に対して，

2009年8月5日に訪問日時と聞き取り項目一覧を送付した（締切より前に回答をもらったため，その時点で次の手続きに移った）．

依頼文送付数　45校
協力校　　　　11校
非協力校　　　 8校
応答なし　　　26校

また，高等学校ではないが，県レベルで特徴的な取り組みを展開している教育委員会に対して，聞き取り調査の依頼を行い，3教育委員会を訪問した．

②訪問校（日時）
1）京都府立城南菱創高等学校（2009年8月3日訪問）
2）大阪府私立聖母女学院高等学校（2009年8月3日訪問）
3）和歌山県立大成高等学校（和歌山県立海南高等学校大成校舎）（2009年8月4日訪問）
　＊山形県教育委員会（2009年8月20日訪問）
4）山形県私立新庄東高等学校（2009年8月21日訪問）
5）栃木県立茂木高等学校（2009年8月28日訪問）
6）神奈川県立横浜清陵総合高等学校（2009年8月29日訪問）
7）静岡県立清水西高等学校（2009年9月1日訪問）
8）岡山県私立倉敷翠松高等学校（2009年9月7日訪問）
　＊鳥取県教育委員会（2009年9月8日訪問）
9）高知県立大方高等学校（2009年9月10日訪問）
10）徳島県立板野高等学校（2009年9月11日訪問）
　＊大分県教育委員会（2009年9月17日訪問）
11）佐賀県立高志館高等学校（2009年9月18日訪問）

③結果の概略

1）ボランティア活動の単位認定

　単位認定の制度としては導入されているが，実際に単位認定される生徒数は多くないことが明らかになった．また，制度導入に際して，特色ある学校づくりの一環として位置づけたケース，あるいは，もともとボランティア活動が盛んであったという地域性などを背景に，特に賛否等の議論がなされることなく導入に至ったケースなどがあった．

2）教科・科目でのボランティア活動

　教科・科目でボランティア活動を扱う場合，座学で知識・理解を深めるというよりは，体験学習を組み込んで実践的に学ぶケースが多かった．また，専門高校の場合などは，その高度な専門性を活かした活動が展開されていた．

3）特別活動でのボランティア活動

　学校行事（特に勤労生産・奉仕的行事）や生徒会活動でボランティア活動に取り組まれるケースがあった．両者に共通しているのは，地域清掃への取り組みが多いということであった．後者の生徒会活動に関しては，ボランティア活動に特化した委員会がある場合，その役割は，委員会の構成員が自ら活動するというよりは他の生徒とボランティア活動をつなげるコーディネートするものであることが特徴的であった．

4）ボランティア活動に取り組む部活動

　学校内はもちろん，地域社会の諸施設・機関と連携・協力した活動を展開しているケースが多かった．また，部員に関しては，他クラブ等との兼部を認めているところが少なくなかった．活動上の課題として，具体的には，生徒の安全の確保，部員の確保，予算の確保などが挙げられた．なお，顧問には，コーディネーターとしての資質，活動場所・機会の開拓・確保などが求められていた．

5）校務分掌

　ボランティア活動促進関連業務が校務分掌に明示されるケースはあまり見られず，生徒指導関連部署や特別活動関連部署の担当者，あるいはボランティア

活動関連部活動の顧問などが，その役割を担うケースが多かった．それに関連して，ボランティア活動関連情報の収集・整理，外部との連絡・調整，生徒に対する事前・事後指導など，特定の少数の教員に過剰な負担がかかっている現状も垣間見ることができた．

6）地域に根差したボランティア活動

　学校教育の一環としてボランティア活動を行う際は，学校の所在する地域の文化や伝統に関連した活動に取り組むことが多かった．また，地域社会を知るという意味で，教科で地域を素材とした学習が行われるケースがあり，そうした学校では，地域に密着した活動が行われやすいこともわかった．

　なお，非都市部では高校・高校生の存在自体が貴重な地域資源で，地域社会の活性化にも関連しており，高校・高校生のボランティア活動が看過できない状況にあるところも見られた．

7）ボランティア活動に関わる生徒の負担

　生徒が活動を行う上で，安全面に関してボランティア活動保険へ加入すること，活動先への交通費がかかることなど，諸費用は自己負担となっており，それが活動を制限する一因になり得ることがわかった．また，それを支援する意味で，家庭の理解・協力が必要であることもうかがい知ることができた．

(3) 文書資料の収集

① 文書資料収集対象校の選定

　質問紙調査において，生徒がボランティア活動に取り組んだ際にその内容や時間などを記入する様式がある，あるいは，生徒のボランティア活動に関する報告書を作成していると回答した学校を中心に，ボランティア活動に関して特徴的な取り組みをしていると思われる学校を43校選定した．

　それらの学校に対して，2009年6月1日に文書資料等の送付依頼を行った（2009年7月31日締切）．その結果，14校から資料等の送付があった．

　　依頼文書送付数　　43校
　　資料提供協力校　　14校

応答なし　　　　29校

② 資料提供協力校
　1）岩手県立岩谷堂高等学校
　2）福岡県私立九州国際大学付属高等学校
　3）福岡県私立九州国際大学付属高等学校女子部
　4）静岡県私立静岡英和女学院高等学校
　5）神奈川県立七里ガ浜高等学校
　6）神奈川県私立湘南白百合学園高等学校
　7）三重県私立セントヨゼフ女子学園高等学校
　8）群馬県私立高崎商科大学附属高等学校
　9）三重県私立高田高等学校
　10）千葉県立土気高等学校
　11）茨城県立取手第二高等学校
　12）北海道私立登別大谷高等学校
　13）北海道私立函館大妻高等学校
　14）栃木県立壬生高等学校

第1章 ボランティア活動等体験活動に関する施策・支援

第1節 政策動向のレヴュー

　学習指導要領は，国が定める教育課程の基準であり，各学校はそれに基づいて教育課程を編成・実施する．この学習指導要領はおよそ10年に1回の頻度で改訂されるもので，現行学習指導要領の改訂（小学校・中学校1998年，高等学校1999年）を経て2008年に小学校・中学校，2009年に高等学校の新学習指導要領が告示された．現行学習指導要領の特徴として，「生きる力」（① 自分で課題を見つけ，自ら学び，自ら考え，主体的に判断し，行動し，よりよく問題を解決する資質や能力，② 自らを律しつつ，他人とともに協調し，他人を思いやる心や感動する心など，豊かな人間性，③ たくましく生きるための健康や体力）の育成の中核を担う総合的な学習の時間を新設したこと，2002年度からの完全学校週5日制に対応し，教育内容が3割削減されたことなどを指摘することができる．

　しかし，各界からの子どもの学力低下批判を受け，文部科学省はそれに対応する形で「確かな学力向上のための2002アピール『学びのすすめ』」（2002年1月）を発表した．そこでは，学習指導要領は最低基準であるとし，発展的な学習や放課後を使った補充的学習，少人数授業や習熟度別指導を行うなど学力の向上に関する積極的な見解を示した．

　そして，2003年に学習指導要領一部改正を行い，「確かな学力」を育成し，「生きる力」を育むというねらいの一層の実現を図るために，次の3点を示した．第1点は，学習指導要領の基準性を踏まえた指導の一層の充実である．ここで

は，学習指導要領に示しているすべての児童生徒に指導する内容等を確実に指導した上で，児童生徒の実態を踏まえ，学習指導要領に示していない内容を加えて指導できることが明確にされた．第2点は，総合的な学習の時間の一層の充実である．総合的な学習の時間のねらいとして，各教科等で身に付けた知識や技能等を相互に関連付け，学習や生活に活かし，それらが総合的に働くようにすることが追記された．第3点は，個に応じた指導の一層の充実である．その充実のための指導方法等の例示として，学習内容の習熟の程度に応じた指導，補充的な学習や発展的な学習などの学習活動を取り入れた指導等が追記された．そして，指導内容の確実な定着を図るため，必要がある場合には，指導方法・指導体制の工夫改善を図りながら，学校教育法施行規則に定める各教科等の年間授業時数の標準を上回る適切な指導時間を確保するよう配慮することが明示された．

　ゆとりの中でボランティア活動等体験活動を通した「生きる力」の育成を図ることが主眼であった現行学習指導要領であったが，一部改正により学力重視の方向性も大きく視野に入れたことが明らかである．こうした流れの中で新学習指導要領が告示されたわけであるが，主な改善事項として6点（① 言語活動の充実，② 理数教育の充実，③ 伝統や文化に関する教育の充実，④ 道徳教育の充実，⑤ 体験活動の充実，⑥ 外国語活動の充実）が挙げられる．本節では，この中の体験活動の充実に焦点を当てる．現行学習指導要領において目指された「生きる力」は，体験活動によって拓かれていく可能性が大きいものと思われるが，その「生きる力」の育成が，学習指導要領一部改正により，基本方針に変更はないというものの学力を意識したものとなったことは否めない．その流れの中にあって，改めて新学習指導要領において体験活動の充実が示されている．そこで，学習指導要領一部改正から新学習指導要領告示までの期間を中心に，体験活動に関してどのような政策が展開され，その結果として現在どのような状況に至っているのかを検証する．

1 主要答申における体験活動に関する記述

(1) 学習指導要領一部改正（2003年）前

　現行学習指導要領で，ボランティア活動の語が初めて登場し，特別活動や総合的な学習の時間を中心とした学校教育の様々な場面でボランティア活動等の体験活動が行われるようになった．

　その体験活動に関して，教育改革国民会議「教育を変える17の提案」（2000年）では，人間性豊かな日本人を育成するために「奉仕活動を全員が行うようにする」ことが提案された．この報告を受ける形で，文部科学省が「21世紀教育新生プラン」（2001年）を発表し，7つの重点戦略を示した．その中の「多様な奉仕・体験活動で心豊かな日本人を育む」について，奉仕活動・体験活動のさらなる充実を図るために一部法改正を行った．「学校教育法の一部を改正する法律」（2001年）と「社会教育法の一部を改正する法律」（2001年）において，前者では学校教育における，後者では地域社会におけるボランティア活動等社会奉仕体験活動，自然体験活動等の体験活動の促進が明記された．

　中央教育審議会は「青少年の奉仕活動・体験活動の推進方策等について」（答申，2002年）で，ボランティア活動等のさらなる振興のための提言を行った．主に教育制度の整備によってボランティア活動に関わる社会的認知を高めることが謳われており「高校入試においてボランティア活動等を積極的に評価する選抜方法等を工夫する，高校生等が行う学校や地域におけるボランティア活動などの実績を記録する『ヤング・ボランティア・パスポート（仮称）』を都道府県や市町村単位で作成し活用する」ことなどが提唱された．また「新しい時代にふさわしい教育基本法と教育振興基本計画の在り方について」（中間報告，2002年）では，具体的な政策目標の例として「地域におけるボランティア活動や自然体験活動などの奉仕活動・体験活動の機会を充実し，小・中学校で全員が体験することを目指す」ことなどが挙げられた．

(2) 学習指導要領一部改正（2003年）後

　答申等の網掛け部分は，ポイントを強調するために筆者が加えたものである．

① 中央教育審議会における記述

1）2005 年

中央教育審議会答申「子どもを取り巻く環境の変化を踏まえた今後の幼児教育の在り方について」

「子どもが成長し自立する上で，実現や成功などのプラス体験はもとより，葛藤や挫折などのマイナス体験も含め，『心の原風景』となる多様な体験を経験することが不可欠である．しかしながら，少子化，核家族化が進行し，子どもどうしが集団で遊びに熱中し，時には葛藤しながら，互いに影響し合って活動する機会が減少するなど，様々な体験の機会が失われている．また，都市化や情報化の進展によって，子どもの生活空間の中に自然や広場などといった遊び場が少なくなる一方で，テレビゲームやインターネット等の室内の遊びが増えるなど，偏った体験を余儀なくされている．」

中央教育審議会答申「新しい時代の義務教育を創造する」

「小・中・高等学校の各学校段階を通じて，自然体験，職場体験，就業体験（インターンシップ，デュアルシステム），奉仕体験などの体験活動を計画的・体系的に推進する必要がある．ニートやフリーターの問題が指摘される中，キャリア教育の推進が求められており，このような観点からも，苦労して成果をあげる体験は意義が大きい．さらに，少子化の中で，兄弟姉妹の少なくなっている子どもたちが年齢や学年，学校種を超えて交流する機会や，自然の中での長期の集団宿泊体験の機会などを拡大することが必要である．」

少子化や核家族化，都市化，情報化の進行といった今日の子どもの置かれた社会的状況を勘案し，体験活動の機会を意図的に設定する必要があることを示した．また，発達段階に応じて，キャリア教育との関連で体験活動を捉える意義についても言及された．

2）2006 年

中央教育審議会　初等中等教育分科会　教育課程部会審議経過報告

「体験は，体を育て，心を育てる源である．子どもには，生活の根本にある食を見直し，その意義を知るための食育から始まり，自然や社会に接し，生きること，働くことの尊さを実感する機会を持たせることが重要である．生活や学習の良い習慣をつくり，気力や体力を養い，知的好奇心を育てること，社会の第一線で活躍する人々の技や生き方に触れたり，自分なりの目標に挑戦したりする体験を重ねることは，子どもの成長にとって貴重な経験となる」

「発達の段階に応じて，自然体験，社会体験，職場体験，文化体験等の適切な機会を設定することが求められる．身近な実生活とのかかわりの中で，実感を持って各教科等の知識や技能を習得できるようにすることが重要である．また，その知識や技能を実生活において生かしていくという視点を持たせることも重要である．」

「小学校・中学校・高等学校を通じて，奉仕体験，長期宿泊体験，自然体験，文化芸術体験，職場体験，就業体験（インターンシップ，デュアルシステム）などの体験活動を計画的・体系的に推進することが必要である．特に，ニートの問題が指摘される中，キャリア教育の推進が求められている．例えば，中学校において 5 日間以上の職場体験を行う『キャリア・スタート・ウィーク』などを通じて社会や職業を体験させ，生活や人生の実感を持たせることが重要であり，このことが学習意欲の喚起や自尊感情の形成につながる．」

2005 年までに出された一連の答申を受けて，改めて発達段階を考慮した体験活動を展開することの重要性を指摘した．その際，通常の教科学習の充実化を図るためにも，その学習成果を体験活動で活用できるように改善し，実感を伴った学習を進めることで，教科学習と体験活動の相乗効果をもたらすことを意識していることがうかがえる．また，キャリア教育との関連で職業意識の啓発も継続して重要な視点として掲げている．

3）2007年

中央教育審議会答申「次代を担う自立した青少年の育成に向けて」
「青少年の自立への意欲を高めるためには，運動・スポーツや自然体験活動，文化芸術体験活動，仲間と交流する活動等の多様な体験が必要不可欠である．しかし，現代の青少年はこれらの体験が少ない生活を送っており，日常生活の中で自らの力で多様な体験活動に取り組み，自立への意欲を高めることを期待するのは大変難しい状況にある．このため，運動・スポーツや自然体験活動，文化芸術体験活動，仲間と交流する活動をはじめとした多様な活動を青少年が体験できるよう，その機会を組織的・計画的に提供して，体験活動を通じた学習習慣を青少年の生活に根付かせることが必要である．」

中央教育審議会　初等中等教育分科会　教育課程部会「教育課程部会におけるこれまでの審議のまとめ」
「親や教師以外の地域の大人や異年齢の子どもたちとの交流，自然の中での集団宿泊活動や職場体験活動，奉仕体験活動などの体験活動は，他者，社会，自然・環境との直接的なかかわりという点で極めて重要である．体験活動の実施については，家庭や地域の果たす役割が大きく，学校ですべてを提供することはできないが，家庭や地域の教育力の低下を踏まえ，きっかけづくりとしての体験活動を充実する必要がある．体験活動は活動しただけで終わりでは意味がない．体験したことを，自己と対話しながら，文章で表現し，伝え合う中で他者と体験を共有し広い認識につながることを重視する必要がある．」
「子どもたちは，他者，社会，自然・環境の中での体験活動を通して，自分と向き合い，他者に共感することや社会の一員であることを実感することにより，思いやりの心や規範意識がはぐくまれる．また，自然の偉大さや美しさに出会ったり，文化・芸術に触れたり，広く物事への関心を高め，問題を発見したり，困難に挑戦し，他者との信頼関係を築いて共に物事を

進めたりする喜びや充実感を体得することは，社会性や豊かな人間性，基礎的な体力や心身の健康，論理的思考力の基礎を形成するものである．このように，親や教師以外の地域の大人や異年齢の子どもたちとの交流，自然の中での集団宿泊活動や職場体験活動，奉仕体験活動，文化芸術体験活動といった体験活動は，他者，社会，自然・環境との直接的なかかわりという点で極めて重要である．これらの体験活動の充実に当たっては家庭や地域の果たす役割が大きいことを前提としつつも，核家族化や都市化の進行といった社会の変化やそれを背景とした家庭や地域の教育力の低下等を踏まえ，学校教育における体験活動の機会を確保し，充実することが求められている．」

学校と家庭，地域社会がそれぞれの役割を遂行しながら青少年の体験活動を支援する必要があることが示された．特に，青少年教育施設の在り方について言及し，その効果的な活用が重要であるとした．また，体験活動を推進するためには，学校だけではなく，家庭や青少年教育施設も含めた地域社会の協力が必要不可欠であるとしながらも，家庭や地域社会の教育力低下は否めないという見解を示した．そのため，学校を中心としたきっかけ作りとしての体験活動の充実化が求められることを示唆した．

4）2008年

中央教育審議会答申「幼稚園，小学校，中学校，高等学校及び特別支援学校の学習指導要領等の改善について」

「体験活動をその場限りの活動で終わらせることなく，事前に体験活動を行うねらいや意義を子どもに十分に理解させ，活動についてあらかじめ調べたり，準備したりすることなどにより，意欲をもって活動できるようにするとともに，事後に感じたり気付いたりしたことを自己と対話しながら振り返り，文章でまとめたり，伝え合ったりすることなどにより他者と体験を共有し，広い認識につなげる必要がある．これらの活動は，国語をはじめとする言語の能力をはぐくむことにもつながるものである．」

「学校教育においては，・自己が明確になり，自覚されるようになる小学校の時期においては，自然の偉大さや美しさに出会ったり，身近な学校の仲間とのかかわりを深めたりする自然の中での集団宿泊活動，・大人が社会で責任を果していることに気付き，進路を自分の問題として考え始める中学校の時期においては，職場での体験を通して社会の在り方を垣間見ることにより勤労観・職業観をはぐくむ職場体験活動，・自分と他者や社会との関係について考えを深める高等学校の時期においては，人に尽くしたり社会に役立つことのやりがいを感じることで，自分の将来展望や社会における自分の役割について考えを深めることが期待できる奉仕体験活動や就業体験活動，をそれぞれ重点的に推進することが適当である．特に，職場体験活動や就業体験活動は，キャリア教育の視点からも重要な役割を果たすものである．」

中央教育審議会答申「新しい時代を切り拓く生涯学習の振興方策について〜知の循環型社会の構築を目指して〜」
「子どもたちの『生きる力』を育む重要な基盤は学校教育である．しかしながら，これは学校教育のみではなく，実社会における多様な体験等と相まって育まれ伸長していくものである．このため，子どもたちが学校の内外で，その発達段階に応じて『生きる力』を育むことができるような環境づくりが求められる．」
「学校教育内外で，子どもたちがその発達段階に応じて身に付けることが望ましい能力を総合的にとらえ，その上で，学校教育外で育むことが望ましいものについて検討することは，生涯学習の理念に沿ったものであるといえる．」
体験活動の体験そのものはもちろんであるが，その効果の向上・定着を図るためには，その体験活動の前後に位置する事前学習・事後学習がより重要となること，また，体験の共有化の段階で様々な言語活動が求められることが示された．さらに，学校教育における子どもの発達段階を考慮した体験活動の展開，

キャリア教育重視の姿勢を持つことの必要性が引き続き指摘された．また，生涯学習との関連について，学校外の活動を重視する姿勢もあわせて明示された．

② 教育再生会議における記述

教育再生会議第一次報告「社会総がかりで教育再生を」

「すべての子供に規範を教え，社会人としての基本を徹底する」を示した．それに関して，「社会人として最低限必要な決まりをきちんと教える」という観点から「家庭，学校，地域の責任，学習指導要領に基づく『道徳の時間』の確保と充実，高校での奉仕活動の必修化，大学の9月入学の普及促進」を示した．
○学校は，子供たちに，決まりを守ることの意義や大切さ，社会における規範，自由で公正な社会の担い手としての意識，国民の義務や様々な立場に伴う責任を教える．その際，集団活動，集団生活体験，スポーツなどを積極的に活用する．○学校は，「道徳の時間」について十分な授業時間を確保し，体験的活動や心に響く教材を取り入れる．○高校で奉仕活動を必修化する．○既に約150の大学で行われている秋季入学（9月又は10月入学）を普及促進し，入学前の半年間に奉仕活動，ボランティア活動，海外支援活動等の多様な体験を通じ豊かな感性や徳目を身に付けるようにする．「父母を愛し，兄弟姉妹を愛し，友を愛そう」という観点から「体験活動の充実」を示した．
○都市と農山漁村の交流のための長期集団宿泊体験・「国内留学」，自然体験，奉仕活動，ボランティア体験，職業体験等の計画的・体系的推進と環境整備を図る．体験や奉仕活動，集団活動，スポーツなどにより，規律，奉仕の精神，社会のルール，相互扶助の大切さや達成感を学ぶ．○コーラス・合奏・演劇・写生・創作といった芸術・文化活動を通じて心を豊かにする．○30人31脚，大縄跳びなど集団スポーツ活動，ロボット・コンテストなどのグループで取り組む学習活動等を通じて心身を鍛え，達成感を共有させる．

教育再生会議第二次報告「社会総がかりで教育再生を」
「学校と地域が連携しながら徳育を実施し，自然体験や職業体験を行うことで，子供たちは，命の尊さや自己・他者の理解，自己肯定感，働くことの意義，さらには社会の中での自分の役割を実感できるようになります．」とした．
「提言2　様々な体験活動を通じ，子供たちの社会性，感性を養い，視野を広げる」として，「全ての子供に自然体験（小学校で1週間），社会体験（中学校で1週間），奉仕活動（高等学校で必修化）を」掲げた．
○学校は，子供たちの成長段階や地域の実情を踏まえ，全ての学校段階において体験・奉仕活動を実施する．
・小学校で，1週間の集団宿泊体験や自然体験・農林漁業体験活動を実施．・中学校で，1週間の職場体験活動を実施．・高等学校で，奉仕活動を必修化．

教育再生会議第三次報告「社会総がかりで教育再生を」
7つの柱の一つとして「徳育と体育で，健全な子供を育てる～子供たちに感動を与える教育を～」を掲げた．その柱を構成するものとして「体験活動により子供の心と体を育てる」があり，その中で，「小学校での自然体験活動，中学校での社会体験活動，高等学校での奉仕活動を推進する」ことを明記した．

教育再生会議最終報告「社会総がかりで教育再生を」
「体験活動，スポーツ，芸術文化活動に積極的に取り組み，幼児教育を重視し，楽しく充実した学校生活を送れるようにするとともに，ボランティアや奉仕活動を充実し，人，自然，社会，世界と共に生きる心を育てる．」ことを示した．
小学校から高等学校まで，それぞれの発達段階に見合った体験活動を行うことを謳っている．教育改革国民会議の時と同様に，当初は必修化という義務

的・強制的な体験活動を想定していたが，徐々にそのトーンが弱まってきていることがわかる．また，他者との交流を通して社会性を育成することや1週間という一定期間継続して体験することを示していたが，それも必修化と同様にトーン・ダウンしている．全体として，家庭や地域社会との連携の重要性を認識しつつも，学校が中心となって推進せざるを得ないことを示しているものといえる．

なお，内閣総理大臣の私的諮問機関である教育再生会議とは性質を異にするが，内閣府経済財政諮問会議「経済財政改革の基本方針2007」の存在も看過できない．議論の内容が教育再生会議と類似した部分があり，その後の中央教育審議会での議論や学習指導要領改訂の議論に与えた影響は少なくないと考えられる．

内閣府経済財政諮問会議「経済財政改革の基本方針2007」
改革のポイントとして「小学校で1週間の自然体験，中学校で1週間の社会体験を実施し，高等学校で奉仕活動を必修化する．また，徳育を『新たな枠組み』により，教科化し，多様な教科書・教材を作成する．」ことを示した．そのための具体的な手段として，「体験活動の推進」を掲げ，「すべての子どもが自然体験（小学校で1週間），社会体験（中学校で1週間），奉仕活動（高等学校で必修化）を経験」することを示した．

(3) 新学習指導要領（2009年）における記述

一連の教育再生会議の議論や内閣府経済財政諮問会議の議論，中央教育審議会初等中等教育分科会教育課程部会「教育課程部会におけるこれまでの審議のまとめ」，中央教育審議会答申「幼稚園，小学校，中学校，高等学校及び特別支援学校の学習指導要領等の改善について」を踏まえて，2009年3月に新しい学習指導要領が告示された．新学習指導要領（高等学校）における体験活動に関する主な記述は以下の通りである．

（総則）学校においては，地域や学校の実態等に応じて，就業やボランテ

ィアにかかわる体験的な学習の指導を適切に行うようにし，勤労の尊さや創造することの喜びを体得させ，望ましい勤労観，職業観の育成や社会奉仕の精神の涵養に資するものとする．
（総合的な学習の時間）自然体験や就業体験活動，ボランティア活動などの社会体験，ものづくり，生産活動などの体験活動，観察・実験・実習，調査・研究，発表や討論などの学習活動を積極的に取り入れること．
（特別活動）幼児，高齢者，障害のある人々などとの触れ合い，自然体験や社会体験などの体験活動を充実するとともに，体験活動を通して気付いたことなどを振り返り，まとめたり，発表し合ったりするなどの活動を充実するよう工夫すること．

　具体的な体験活動として，職場体験活動，ボランティア活動，自然体験活動などが挙げられていることがわかる．これは道徳，総合的な学習の時間，特別活動といった教科外教育課程に共通しているもので，体験活動の主たる実践の場は，教科外の教育活動の中にあると捉えることができる．また，体験活動の在り方について，振り返り学習の充実化を謳っていることもこれまでの学習指導要領には見られなかった特徴の一つである．一連の答申等でも触れられているように，キャリア教育との関連で各種体験活動が捉えられていることも明らかである．

(4) 生徒指導提要（2010年）における記述

　学校教育における生徒指導の手引きとして位置づけられる生徒指導提要にも，下記のように，児童生徒の居場所づくりの視点から体験活動に関する記述がなされている．

　「家庭や地域社会で，学校では十分体験できない異年齢の子ども同士の遊びや多様な地域活動，自然体験活動，社会奉仕体験活動，職場・職業体験活動，文化活動，スポーツ活動や青少年団体の活動への参加等，様々な活動の体験の機会を充実することが青少年教育，また健全育成の観点から必要です．」

表1-1-1 体験活動に関する記述がある主要答申等

年	名　　称（月／日）
1998	教育課程審議会答申「幼稚園，小学校，中学校，高等学校，盲学校，聾学校及び養護学校の教育課程の基準の改善について」（7/29） 学習指導要領告示（小学校・中学校）（12/14）
1999	学習指導要領告示（高等学校）（3/29） 生涯学習審議会答申「学習の成果を幅広く生かす－生涯学習の成果を生かすための方策について－」（6/9） 生涯学習審議会答申「生活体験・自然体験が日本の子どもの心をはぐくむ－『青少年の〔生きる力〕をはぐくむ地域社会の環境の充実方策について』－（6/10）
2000	教育改革国民会議「教育を変える17の提案」（中間報告9/22，最終報告12/22）
2001	文部科学省「21世紀教育新生プラン」（1/25） 学校教育法の一部を改正する法律（6/28） 社会教育法の一部を改正する法律（6/29）
2002	文部科学省「確かな学力の向上のための2002アピール『学びのすすめ』」（1/17） 中央教育審議会答申「青少年の奉仕活動・体験活動の推進方策等について」（7/29） 中央教育審議会答申「子どもの体力向上のための総合的な方策について」（9/30）
2003	青少年育成推進本部決定「青少年育成施策大綱」（12/9） 学習指導要領一部改正（12/26）
2005	中央教育審議会答申「子どもを取り巻く環境の変化を踏まえた今後の幼児教育の在り方について」（1/28） 中央教育審議会答申「新しい時代の義務教育を創造する」（10/26）
2006	中央教育審議会初等中等教育分科会教育課程部会審議経過報告（2/13） 中央教育審議会答申「今後の教員養成・免許制度の在り方について」（7/11） 教育基本法改正（12/15）
2007	教育再生会議「社会総がかりで教育再生を」（第一次報告1/24，第二次報告6/1，第三次報告12/25） 中央教育審議会答申「次代を担う自立した青少年の育成に向けて」（1/30） 中央教育審議会（中間報告）「新しい時代を切り拓く生涯学習の振興方策について」（1/30） 内閣府経済財政諮問会議「経済財政改革の基本方針2007」（6/19） 中央教育審議会初等中等教育分科会教育課程部会「教育課程部会におけるこれまでの審議のまとめ」（11/7）
2008	中央教育審議会答申「幼稚園，小学校，中学校，高等学校及び特別支援学校の学習指導要領等の改善について」（1/17） 教育再生会議「社会総がかりで教育再生を」（最終報告1/31） 学習指導要領案公表（幼稚園，小学校，中学校）（2/15） 中央教育審議会答申「新しい時代を切り拓く生涯学習の振興方策について～知の循環型社会の構築を目指して～」（2/19） 学習指導要領告示（小学校，中学校）（3/28）
2009	学習指導要領告示（高等学校）（3/9）
2010	生徒指導提要発行（4/2）

「居場所づくりは，地域社会（学校も含む）の中で行われることにより青少年の健全育成に大いに役立つものになり，併せて安全・安心して多彩な活動ができる活動拠点を確保し，放課後や週末における様々な体験活動ができる児童生徒の居場所づくりが必要です．」

生徒指導を学校だけではなく，家庭や地域社会と一緒に行うという認識の下，体験活動の充実化による子どもの居場所づくりが重要であることを示している．学校外における生徒指導の見地から，体験活動の必要性が捉えられており，生徒指導と体験活動は関連が強いといえる．

2　文部科学省の政策動向

それでは，こうした答申などで言及されている体験活動に関して，文部科学省がその推進のための施策をどのように展開してきたのかを概観する．青少年白書をもとに2003年度から2009年度の施策とその内容をまとめたものが表1-1-2である．そして，その施策の変遷は表1-1-3に示すとおりである．

施策の内容に着目すると，具体的な体験活動として，「長期自然体験」「野外活動等の自然体験活動」「体験型環境学習」「文化体験」「社会奉仕体験活動や自然体験活動」「自然体験や生活体験」「奉仕活動」「スポーツや文化活動」「ボランティア活動」「社会体験活動」「文化ボランティア活動」「体験・交流活動」「自然体験や社会体験」「文化芸術活動」「文化活動」「伝統文化に関する活動」などが列挙されている（表1-1-2中のゴシック体・アンダーライン）．

これらをその内容に即して分類すると，「奉仕活動・ボランティア活動の推進」「自然体験活動の推進」「環境学習の推進」「文化体験の推進」「青少年の自立支援」「体験活動への助成」となる（表1-1-3）．

「奉仕活動・ボランティア活動の推進」に関してみると，事業の名称は変わりながらボランティア活動を中心とした子どもの体験活動の推進を進めていることがわかる．「自然体験活動の推進」では，「豊かな体験活動推進事業」として一貫して自然体験を中心とした体験活動の推進を図っている．「環境学習の推進」では，関係省庁と連携しながら体験型の環境学習を展開している．「文

化体験の推進」では，事業名の変更はあるものの子どもの文化体験プログラムの推進を進めている．この文化体験に関しては，近年になり事業数が増加していることを勘案すると，その位置づけを重視する傾向にあることがうかがえる．これらはすべて，子ども自身の体験活動を促進するとともにそれを支援する環境・体制整備も含めて捉えているものと推察される．

「青少年の自立支援」も同様で，青少年の体験活動とそれを取り巻く環境整備の充実化が示されているが，とりわけキャリア形成を意識した取り組みになっている点が特徴的である．中央教育審議会等の中でも再三，体験活動との関連でキャリア教育の必要性が謳われてきたわけであるが，それが「社会性」「自立」をキーワードにしながら，事業として反映された形になっている．なお，表中にはないが，2008～2009年度は，「若者トライアル雇用事業」「フリーター常用就職支援事業」「発達段階に応じたキャリア教育推進事業」等が展開されており，就労をより強く意識した取り組みになっていることがわかる．

「体験活動への助成」については，他の事業が行政主導で直接的に子どもの体験活動を推進する趣旨のものであったのに対して，民間団体を媒介として間接的に体験活動の推進を助成するものであるといえる．これは2003年度以前から「子どもゆめ基金」として一貫して行われているもので，民間団体の独自性を活かした体験活動の展開を期待しているものとみることができる．

3 体験活動の現状

このように様々な体験活動に関して，進捗状況や社会情勢を加味しながら体験活動とその支援体制の整備まで，継続的・発展的に事業が実施されてきている．では，その成果として，子どもの体験活動は具体的にどのような状況になってきたのかを各種データをもとに考察してみよう．

子どもの体験活動として，中学生・高校生の自然体験に着目したい．表1-1-4は，国立青少年教育振興機構，国立オリンピック記念青少年総合センターが実施した調査結果をまとめたものである．

表1-1-2　文部科学省における体験活動の推進に関する主な施策

施策名（実施年度）	内容
地域と学校が連携協力した奉仕活動・体験活動推進事業（2003～2004年度）	地域の教育力の活性化及び**奉仕活動・体験活動**の充実を総合的に推進するため、全国的なフォーラムの開催等の社会的気運の醸成に向けた取組を展開するとともに、推進体制の計画的な整備充実や、地域の実情に即した子どもの多様な活動促進を図るためのモデル事業を実施する。
地域子ども教室推進事業（2004～2006年度）	未来の日本を創る心豊かでたくましい子どもを社会全体で育むため、学校等を活用して、緊急かつ計画的に子どもたちの居場所（活動拠点）を整備し、地域の大人の教育力を結集して、安全管理員・活動指導員として配置し、子どもたちの放課後や週末における**スポーツや文化活動などの様々な体験活動**や地域住民との交流活動等を支援する。
地域ボランティア活動推進事業（2005～2006年度）	地域の教育力の再生を図るため、地域における**ボランティア活動**促進のための多彩なプログラム開発を行う事業を実施し、**ボランティア活動**の全国的な展開を推進する。
ボランティア活動広報啓発・普及事業（2005～2006年度）	国民一人一人が、日常的に**ボランティア活動**を行い、相互に支え合える地域社会を実現するため、**ボランティア活動**推進フォーラムの開催や広報啓発・普及活動を実施し、地域社会全体で**ボランティア活動**を推進していく気運の醸成を図る。
放課後子ども教室推進事業（放課後子どもプラン）（2007～2009年度）	放課後や週末等に小学校の余裕教室等を活用して、子どもたちの安全・安心な活動拠点（居場所）を設け、地域の多様な方々の参画を得て、様々な**体験・交流活動**や学習活動等を推進する取組を、厚生労働省と連携した総合的な放課後対策（放課後子どもプラン）として全国の小学校区で実施する。
豊かな体験活動推進事業（2003～2009年度）	各都道府県に「**体験活動**推進地域」及び「推進校」を指定し、他校のモデルとなる**体験活動**に取り組むとともに、「推進地域」及び「推進校」において得られる先駆的な取組を地域ブロックごとの協議会や事例集の作成を通じて広く全国すべての学校に普及させ、全小・中・高等学校等における豊かな**体験活動**の円滑な展開を推進する。
青少年長期自然体験活動推進事業（2003～2004年度）	青少年の**長期自然体験**の一層の普及、定着を図るため、地方公共団体が自然体験活動推進団体の協力を得て、青少年が野外活動施設や農家などで、2週間程度の長期間、異年齢集団を編成して共同生活をしながら、**野外活動等の自然体験活動**に取り組む事業に対して助成をする。
子ども農山漁村交流プロジェクト（2008～2009年度）	小学生が農山漁村で1週間程度の**長期宿泊体験活動**を行うことを支援する。
森の子くらぶ活動推進プロジェクト（2008～2009年度）	子どもたちが森林において様々な**体験活動**を行う機会を提供する。

施策名（実施年度）	内　　容
省庁連携子ども体験型環境学習推進事業 （2002〜2006年度）	子どもたちの豊かな人間性を育むため，関係省庁と連携して，地域の身近な環境をテーマに，子どもたちが継続的な**体験活動**を自ら企画して行うモデル事業の実施を通して，**体験型環境学習**を推進する．
省庁連携体験活動ネットワーク推進プロジェクト （2007年度）	子どもたちの豊かな人間性をはぐくむため，複数の関係省庁と連携し，地域において関係機関・団体が協働して多様かつ継続的な**体験活動**プログラムを開発する取組を推進する．
文化体験プログラム支援事業 （2003〜2006年度）	都道府県等において，子どもたちが年間を通じて多様な機会に多種の文化にふれあい体験する**文化体験**プログラムを作成．実施するモデル事業を支援する．
文化ボランティア推進モデル事業 （2006〜2009年度）	他の文化ボランティア関係者等の取組に資する又は参考となると考えられる事業を実施するとともに，事業の成果を普及し，もって，各地域における**文化ボランティア活動**の推進を図る．
地域人材の活用による文化活動支援事業 （2007〜2009年度）	地域の文化芸術人材を学校や放課後，休日等における子どもたちの**文化芸術活動**の指導者として活用し，地域で**文化活動**を支援する体制整備を図る．
伝統文化子ども教室事業 （2007〜2009年度）	次世代を担う子どもたちに対し，土・日曜日などにおいて学校，文化施設等を拠点とし，**伝統文化に関する活動**を，計画的，継続的に体験・修得できる機会を提供する．
青少年の「社会性」を育むための体験活動総合推進事業 （2003〜2004年度）	青少年の「社会性」を育むため，学校教育，社会教育を通じて，**社会奉仕体験活動や自然体験活動等の体験活動**の機会を効果的に提供する．具体的には，中学校区程度の地域において学校関係者，PTA，青少年団体等の社会教育関係者等が連携協力し，地域の子どもたちが年間7日間程度の**社会奉仕体験活動**に取り組むモデル事業を実施するとともに，非行や不登校等で悩みを抱える青少年に対し，**自然体験や生活体験等の体験活動**に取り組むモデル事業を実施する．
青少年の自立支援事業 （2005〜2006年度）	青少年が自立した人間として成長するために，青少年の主体性・社会性をはぐくむ**社会体験活動，自然体験活動等の体験活動**を実施する．
青少年の意欲向上・自立支援事業 （2007年度）	青少年が自立した人間として成長することを支援するため，青少年の行動の原動力である意欲や，職業的自立の礎となる社会性をはぐくむ**自然体験や社会体験など体験活動**の充実を図る．
「子どもゆめ基金」事業 （2003〜2009年度）	21世紀を担う夢を持った子どもの健全育成の推進を図るため，独立行政法人国立オリンピック記念青少年総合センターに創設した「子どもゆめ基金」により，民間団体が行う**体験活動**等への助成を実施する．

表1-1-3　文部科学省における体験活動の推進に関する主な施策の変遷

	2003年度	2004年度	2005年度
奉仕活動・ボランティア活動の推進	地域と学校が連携協力した奉仕活動・体験活動推進事業	地域と学校が連携協力した奉仕活動・体験活動推進事業	
		地域子ども教室推進事業	地域子ども教室推進事業
			地域ボランティア活動推進事業
			ボランティア活動広報啓発・普及事業
自然体験活動の推進	豊かな体験活動推進事業	豊かな体験活動推進事業	豊かな体験活動推進事業
	青少年長期自然体験活動推進事業	青少年長期自然体験活動推進事業	
環境学習の推進	省庁連携子ども体験型環境学習推進事業	省庁連携子ども体験型環境学習推進事業	省庁連携子ども体験型環境学習推進事業
文化体験の推進	文化体験プログラム支援事業	文化体験プログラム支援事業	文化体験プログラム支援事業
青少年の自立支援	青少年の「社会性」を育むための体験活動総合推進事業〜悩みを抱える青少年を対象とした体験活動推進事業〜	青少年の「社会性」を育むための体験活動総合推進事業〜悩みを抱える青少年を対象とした体験活動推進事業〜	
			青少年の自立支援事業
体験活動への助成	「子どもゆめ基金」事業	「子どもゆめ基金」事業	「子どもゆめ基金」事業

2006年度	2007年度	2008年度	2009年度
地域子ども教室推進事業			
地域ボランティア活動推進事業			
ボランティア活動広報啓発・普及事業			
	放課後子ども教室推進事業（放課後子どもプラン）	放課後子ども教室推進事業（放課後子どもプラン）	放課後子ども教室推進事業（放課後子どもプラン）
豊かな体験活動推進事業	豊かな体験活動推進事業	豊かな体験活動推進事業	豊かな体験活動推進事業
		子ども農山漁村交流プロジェクト	子ども農山漁村交流プロジェクト
		森の子くらぶ活動推進プロジェクト	森の子くらぶ活動推進プロジェクト
省庁連携子ども体験型環境学習推進事業			
	省庁連携体験活動ネットワーク推進プロジェクト		
文化体験プログラム支援事業			
文化ボランティア推進モデル事業	文化ボランティア推進モデル事業	文化ボランティア推進モデル事業	文化ボランティア推進モデル事業
	地域人材の活用による文化活動支援事業	地域人材の活用による文化活動支援事業	地域人材の活用による文化活動支援事業
	伝統文化子ども教室事業	伝統文化子ども教室事業	伝統文化子ども教室事業
青少年の自立支援事業			
	青少年の意欲向上・自立支援事業		
「子どもゆめ基金」事業	「子どもゆめ基金」事業	「子どもゆめ基金」事業	「子どもゆめ基金」事業

表1-1-4 中学生・高校生の自然体験（学校行事以外）

「何度もした」＋「少しした」の合計（％）

分類	活動内容	学年	2003年度調査	2005年度調査	2006年度調査	2008年度調査	2009年度調査
自然の中で体を動かしたり楽しんだりする活動	(a) 山登りやハイキング，オリエンテーリングやウォークラリー	中学2年生	25.0	26.9	32.7	32.4	30.9
		高校2年生	18.3	19.2	25.2	26.0	22.0
	(b) 海や川などで泳いだり，ボート・カヌー・ヨットなどに乗ること	中学2年生	37.9	40.7	37.5	35.5	34.9
		高校2年生	30.7	30.0	30.6	28.1	29.4
	(c) 乗馬や乳しぼりなど動物とふれあうこと	中学2年生	16.4	17.4	20.5	18.9	20.8
		高校2年生	13.5	11.9	16.5	12.0	13.3
	(d) 野外で食事を作ったり，テントに泊ったりすること	中学2年生	27.0	27.8	27.7	24.5	23.8
		高校2年生	20.7	20.2	19.6	17.1	18.4
	(e) スキーや雪遊びなど雪の中での活動	中学2年生	8.3	9.3	27.3	29.9	36.7
		高校2年生	6.6	8.0	22.5	23.9	26.1
自然を観察したり調べたりする活動	(f) 昆虫や水辺の生物を捕まえること	中学2年生	28.4	29.2	24.3	22.5	22.0
		高校2年生	15.9	16.5	14.2	12.9	12.3
	(g) 植物や岩石を観察したり調べたりすること	中学2年生	15.6	16.0	17.6	16.6	15.6
		高校2年生	8.7	9.0	11.0	10.0	9.0
	(h) バードウォッチング	中学2年生	6.8	6.8	9.7	8.8	7.8
		高校2年生	5.2	4.7	6.8	6.0	6.1
	(i) 星や雲の観察	中学2年生	46.4	30.2	35.1	35.2	39.7
		高校2年生	44.8	28.0	35.2	33.5	38.3
自然のものを採って食べたり加工したりする活動	(j) 山菜採りやキノコ・木の実などの採取	中学2年生	9.1	9.4	12.6	10.4	9.2
		高校2年生	5.6	6.4	7.3	7.6	6.5
	(k) 魚を釣ったり貝を採ったりすること	中学2年生	27.4	25.3	28.3	26.6	26.3
		高校2年生	18.0	16.4	15.6	16.2	16.0
	(l) 自然の材料を使った工作	中学2年生	14.2	14.8	20.9	17.6	16.8
		高校2年生	6.4	6.8	9.2	9.3	8.6
	(m) 干物・くん製・ジャム作りなどの食品加工	中学2年生	7.6	8.3	12.6	13.3	12.0
		高校2年生	5.4	5.9	8.8	9.5	8.5
動植物を育てたり自然の中で働く活動	(n) 植林・間伐・下草刈りなどをすること	中学2年生	25.9	23.5	23.0	21.7	23.3
		高校2年生	17.8	15.9	18.0	13.6	13.7
	(o) 米や野菜を植えたり育てたりすること	中学2年生	17.1	16.1	18.9	20.6	20.8
		高校2年生	10.0	10.8	13.0	13.7	12.1
	(p) 米や野菜や果物などの収穫をすること	中学2年生	21.2	20.6	24.9	24.6	24.3
		高校2年生	13.6	14.1	16.6	17.0	16.1
	(q) 牧場などで家畜の世話をすること	中学2年生	2.3	2.8	4.4	4.9	3.3
		高校2年生	2.3	2.4	5.3	4.1	3.1

5回の調査を通して，体験した割合（「何度もした」＋「少しした」）が概ね増加傾向にあるものは次のとおりである．

　「自然の中で体を動かしたり楽しんだりする活動」では，「(a)山登りやハイキング，オリエンテーリングやウォークラリー」「(c)乗馬や乳しぼりなど動物とふれあうこと」「(e)スキーや雪遊びなど雪の中での活動」である．「自然を観察したり調べたりする活動」では「(g)植物や岩石を観察したり調べたりすること」である．「自然のものを採って食べたり加工したりする活動」では「(j)山菜採りやキノコ・木の実などの採取」「(l)自然の材料を使った工作」「(m)干物・くん製・ジャム作りなどの食品加工」である．「動植物を育てたり自然の中で働く活動」では「(q)牧場などで家畜の世話をすること」である．

　レクリエーション的要素の強い活動や食に関する活動を中心に，体験した割合が微増していることがわかる．その他の内容については，体験度の多少の変動は認められるものの，減少傾向のものはなく，概ね現状維持の状態となっている．ここでは，学校行事以外での体験を聞いているので，学校教育の一環として体験したものを含めればさらに増加すると推察される．

　次に，体験活動推進のための支援体制の整備がどのような状況になっているのかを確認する．文部科学省の社会教育調査におけるボランティア登録制度のある施設数を手がかりに考えてみる（表1-1-5）．

　主な社会教育施設として，公民館，図書館，博物館，青少年教育施設に着目

表1-1-5　ボランティア登録制度のある施設数（施設数に占める割合）

	1999年度	2002年度	2005年度	2008年度
公民館	1,704 (8.9％)	2,642 (14.0％)	2,859 (15.7％)	2,661 (16.7％)
図書館	776 (29.9％)	1,450 (52.9％)	1,808 (60.7％)	2,110 (66.7％)
博物館	193 (18.5％)	312 (27.9％)	416 (34.8％)	462 (37.0％)
青少年教育施設	216 (17.1％)	253 (19.4％)	262 (19.8％)	334 (29.6％)

する．表1-1-5をみてわかるように，4施設ともボランティア登録制度のある施設数と施設数に占める割合が増加傾向にあることがわかる．2008年度の段階で，公民館の約17％，図書館の約67％，博物館の37％，青少年教育施設の約30％にボランティア登録制度があり，活動の場が確保されていることになる．体験活動の中のボランティア活動に焦点を当てると，ボランティア活動のための環境整備が着々と整備されつつあるものと考えられる．

4 小　括

文部科学省は，「学びのすすめ」（2002年），学習指導要領一部改正（2003年）において，学力を重視する姿勢を示したわけであるが，その一方で体験活動の充実・振興にも力を入れてきたとみることができる．

2003年以降の中央教育審議会や教育再生会議などにおいて体験活動に関する議論が活発に展開されてきた．それを反映させる形で奉仕活動やボランティア活動，自然体験活動，環境学習，文化体験といった体験活動を推進する事業を継続的に行ってきた．その成果の一端として，中学生・高校生の自然体験が徐々にではあるが豊かになりつつあること，また，学習の場・機会の充実という観点からみると，ボランティア登録制度のある社会教育施設が増加傾向にあることが明らかになった．

体験活動の推進に関して一定の成果を収めながら今日に至っているとみることができるわけであるが，今後は，体験活動の量的な拡充を図ると同時にその質を深化させることにも目を向けていく必要がある．新学習指導要領の改訂に際しては，その議論の過程で，OECDの示したキー・コンピテンシーが強く意識された．キー・コンピテンシーとは自己実現を図りながら社会生活を営むために必要な能力のことであり，3つのカテゴリー（① 自律的に活動する力，② 道具を相互作用的に用いる力，③ 異質な集団で交流する力）が示されている[1]．

各種体験活動によって，異質な他者との交流や異年齢集団における体験は可能になってきた．すなわち，「③ 異質な集団で交流する力」の素地は培われつ

つあると考えることができる．その体験活動に子ども自身がどのように関わっているかが次に問題となる．準備された場で一連の体験プログラムをこなすような受動的な関わり方なのか，それとも自分や仲間との相互作用の中から判断基準を設けて意思決定を行い，物事を遂行する場面があるのかといった問題である．学校教育でも社会教育でも，教育活動として行う場合には，教育効果や安全性などへの配慮からどうしても前者の活動に終始しがちな部分がある．それをいかに後者の活動に近づけるかが重要である．そうすることが「① 自律的に活動する力」の涵養につながっていくものと思われる．こうした原体験としての直接体験が十分に蓄積されることによって，「環境と効果的に相互作用するため広い意味での道具を活用」すること，「相互作用的に道具を用いるために，各自の目的に合わせて道具を適応させるようにそうした道具をよく理解する」ことといった「② 道具を相互作用的に用いる力」の育成が可能になってくるはずである．「② 道具を相互作用的に用いる力」には豊富な体験と共に，それを教科学習と結び付けて捉える学力も当然必要となってくる．ここで体験と学力が融合し，これまでの政策の集大成という形で結実するものと思われる．

　文部科学省が政策として進める体験活動によって「③ 異質な集団で交流する力」の素地は整えられてきた．それを基盤に，プログラム化された体験活動からの脱却を図ることができるか否かが「① 自律的に活動する力」の育成に関わってくる．量的拡充から質的深化に体験活動の在り方を転換することで，「① 自律的に活動する力」を育てる体験活動が可能になる．今，まさにその転換期に立っているといっても過言ではない．

【引用文献】
（1）ドミニク・S・ライチェン，ローラ・H・サルガニク編著（立田慶裕監訳）『キー・コンピテンシー　国際標準の学力をめざして』明石書店，2006 年

【参考文献】
内閣府『平成 15 年版青少年白書』国立印刷局，2003 年
内閣府『平成 16 年版青少年白書』国立印刷局，2004 年
内閣府『平成 17 年版青少年白書』国立印刷局，2005 年

内閣府『平成18年版青少年白書』国立印刷局，2006年
内閣府『平成19年版青少年白書』時事画報社，2007年
内閣府『平成20年版青少年白書』佐伯印刷，2008年
内閣府『平成21年版青少年白書』日経印刷，2009年
青少年教育活動研究会『子どもの体験活動等に関するアンケート調査』平成10年7月調査，1999年
国立オリンピック記念青少年総合センター『青少年の自然体験活動等に関する実態調査』平成15年度調査，2004年
国立青少年教育振興機構国立オリンピック記念青少年総合センター『青少年の自然体験活動等に関する実態調査』平成17年度調査，2006年
国立青少年教育振興機構『青少年の体験活動等と自立に関する実態調査（平成18年度調査）』2007年
国立青少年教育振興機構『青少年の体験活動等と自立に関する実態調査（平成20年度調査）』基礎集計結果，2009年
国立青少年教育振興機構『青少年の体験活動等と自立に関する実態調査（平成21年度調査）』報告書，2010年
文部科学省『平成11年度　社会教育調査報告書』財務省印刷局，2001年
文部科学省『平成14年度　社会教育調査報告書』国立印刷局，2004年
文部科学省『平成17年度　社会教育調査報告書』国立印刷局，2006年
文部科学省『平成20年度　社会教育調査報告書』日経印刷，2010年

　本節は，林幸克「体験活動の推進に関する政策動向の検証－学習指導要領一部改正（2003年）から全面改訂（2008年）までの動きに着目して－」『名古屋学院大学論集　社会科学篇』Vol. 45 No. 3，2009年，pp. 91-104. をもとに加筆・修正したものである。

第2節　校内支援体制の現状

　総務省「社会生活基本調査報告」でボランティア活動の行動者率をみると，高校生世代に相当する15～19歳の区分において，2001年度が24.0％であったのに対して，2006年度では23.0％と微減していることがわかる．奉仕活動・ボランティア活動の推進に関して，文部科学省が放課後子ども教室推進事業やボランティア活動広報啓発・普及事業，地域ボランティア活動推進事業等の様々な施策を展開し，環境条件の整備に努めているにもかかわらずこうした状

況であるのは憂慮すべきことである．

　高校生のボランティア活動に特化して考えてみると，その活動の場は学校教育においてが多い．学習指導要領にボランティア活動の文言があるように，道徳や総合的な学習の時間，特別活動といった教育課程，あるいは部活動などの教育課程外において取り組みやすい状況にある．そうした学校でのボランティア活動，厳密にはボランティア学習を，本当の意味でのボランティア活動にするためには，高校生の身近にいる教師や学校組織としての支援が求められる．また，そのボランティア活動の場が，学校を離れて地域社会で展開されることも容易に想像できることである．

　こうした問題意識の下，本節では，学校が高校生のボランティア活動支援にどのようにかかわっているのか，また，地域社会の諸施設・機関との関係はどのようになっているのかを明らかにする．それを踏まえて，高等学校におけるボランティア活動を活性化させるための校内支援体制の在り方について検討する．

1　内　容

　本節では，学校内でボランティア活動に関する相談・情報提供をする機関・組織及び人の有無とそれぞれについて具体的な機関・組織と人，その役割について確認する．また，ボランティア活動の内容等を記載する所定の様式の有無，複数回答で活動報告書の作成状況についても明らかにする．それから，校内支援体制とは直接的な関係はあまりないかもしれないが，生徒の実際の活動の場を把握する意味で，地域社会での活動の場として，具体的にどのような施設・機関が活用されているのかも確認する．それぞれの内容に関して，全体的な傾向とともに，属性（単位認定，設置形態，課程，学校タイプ）[1]による差異についても検討した．

2 結 果

(1) 学校内でボランティア活動に関する相談・情報提供をする機関・組織

学校内に生徒のボランティア活動に関する相談にのったり情報提供などをする組織・機関（ボランティアセンターなど）があるか聞いた（表1-2-1）．「ある」場合には，その名称と役割・活動概要も合わせて問うた（表1-2-2，表1-2-3）．

全体では，「ある」27.4％，「ない」72.6％で，7割以上の学校に相談組織・機関等がないことがわかった．属性に着目すると「単位認定」に関して有意差があり，「認定している」学校では半数以上の学校に相談組織等があり，「認定していない」学校より30ポイント以上高いことが明らかになった．

具体的な組織・機関の名称では，部活動系列25.8％と生徒会系列22.0％が比較的多かった．前者では，JRC部[2]やボランティア部・同好会，インターアクトクラブ・部[3]といったボランティア活動関連の部・クラブ，後者では，生徒会執行部やボランティア委員会がその中心であった．また，その主な役割としては，「情報提供」57.4％，「ボランティア活動の企画・実施」22.9％，「外

表1-2-1　学校内でボランティア活動に関する相談・情報提供をする機関・組織

単位：％

		ある	ない	検定結果
単位認定	認定している　n=125	56.8	43.2	**
	認定していない　n=1419	24.8	75.2	
設置形態	都道府県立　n=1069	27.9	72.1	n.s.
	市区町村立　n=70	25.7	74.3	
	私立　n=392	26.5	73.5	
課　程	全日制　n=1449	27.5	72.5	n.s.
	定時制　n=60	26.7	73.3	
	通信制　n=31	22.6	77.4	
学校タイプ	普通校　n=924	26.6	73.4	n.s.
	専門校　n=359	27.3	72.7	
	進路多様校　n=262	30.2	69.8	
全体　n=1546		27.4	72.6	

**p<.01

表1-2-2　学校内でボランティア活動に関する相談・情報提供をする機関・組織
（主な機関名）　　　　　　　　　　　　　　　　　　　　　複数回答　n＝423

系列	部活動					生徒会（生徒）			
名称	JRC部・同好会	ボランティア部・同好会	インターアクトクラブ・部	学校家庭クラブ	その他	生徒会（執行部）	ボランティア委員会	福祉委員会	その他
内訳	28	28	17	8	28	52	13	8	20
合計（％）	109（25.8）					93（22.0）			

系列	生徒指導			特別活動			生徒会（教師）		
名称	生徒指導部	生徒支援グループ	その他	特別活動部	特別活動課	その他	生徒課	生徒部	その他
内訳	31	5	16	25	6	4	8	7	17
合計（％）	52（12.3）			35（8.3）			32（7.6）		

系列	教務			委員会（教師）			宗教		
名称	教務部	学習指導部	その他	ボランティア推進委員会	体験学習推進委員会	その他	宗教部	宗教係	その他
内訳	14	3	15	4	4	19	9	2	3
合計（％）	32（7.6）			27（6.4）			14（3.3）		

系列	進路指導		センター		学科・コース	
名称	進路指導部	その他	ボランティアセンター	その他	福祉科	その他
内訳	6	5	3	8	3	8
合計（％）	11（2.6）		11（2.6）		11（2.6）	

表1-2-3　学校内でボランティア活動に関する相談・情報提供をする機関・組織
（主な役割）　　　　　　　　　　　　　　　　　　　　　　複数回答　n＝423

役割	情報提供	ボランティア活動の企画・実施	外部機関との連絡・調整	とりまとめ	相談窓口	指導	ポスター掲示等啓発活動	オリエンテーション・諸手続き	活動報告・記録管理	単位認定手続き	引率・送迎
合計（％）	243（57.4）	97（22.9）	90（21.3）	76（18.0）	36（8.5）	17（4.0）	12（2.8）	13（3.1）	13（3.1）	11（2.6）	9（2.1）

部機関との連絡・調整」21.3％，「とりまとめ」18.0％が比較的多かった．

(2) 学校内でボランティア活動に関する相談・情報提供をする人

学校内に生徒のボランティア活動相談にのったり情報提供などをする人（ボランティア・コーディネーターなど）がいるか聞いた（表1-2-4）．「いる」場合には，その名称と役割・活動概要も合わせて問うた（表1-2-5，表1-2-6）．

全体では，「いる」21.9％，「いない」78.1％で，約8割の学校には担当者が「いない」ことがわかった．属性に着目すると，「単位認定」と「学校タイプ」に関して有意差が認められた．「単位認定」では，「認定している」学校では3割以上の学校に存在し，「認定していない」学校とは10ポイント以上の開きがあった．「学校タイプ」については，「進路多様校」で3割近くの学校に存在するのに対して，「普通校」と「専門校」では2割程度に留まっていた．

具体的な名称では，部活動の顧問41.4％や生徒会担当18.9％が比較的多かった．前者では，ボランティア部・同好会顧問やJRC部・同好会顧問，インターアクトクラブ・部顧問，後者では，生徒会顧問・担当，生徒会ボランティア

表1-2-4　学校内でボランティア活動に関する相談・情報提供をする人　　単位：%

		いる	いない	検定結果
単位認定	認定している　n=125	32.0	68.0	*
	認定していない　n=1416	21.0	79.0	
設置形態	都道府県立　n=1068	21.3	78.7	n.s.
	市区町村立　n=70	15.7	84.3	
	私立　n=390	24.4	75.6	
課程	全日制　n=1446	22.2	77.8	n.s.
	定時制　n=60	15.0	85.0	
	通信制　n=31	16.1	83.9	
学校タイプ	普通校　n=923	21.0	79.0	*
	専門校　n=359	19.2	80.8	
	進路多様校　n=260	28.8	71.2	
	全体　n=1543	21.9	78.1	

$*p<.05$

表1-2-5　学校内でボランティア活動に関する相談・情報提供をする人（主な名称）

複数回答　n=338

系列	部活動				生徒会			
名称	ボランティア部・同好会顧問	JRC部・同好会顧問	インターアクトクラブ・部顧問	その他	生徒会顧問・担当	生徒会ボランティア担当	生徒会係	その他
内訳	47	40	13	40	36	13	5	10
合計(%)	140 (41.4)				64 (18.9)			
系列	教科				委員会			
名称	福祉担当	家庭科担当	教頭	その他	ボランティア委員会顧問	福祉委員会顧問	その他	
内訳	16	8	8	11	10	5	14	
合計(%)	43 (12.7)				29 (8.6)			
系列	係・担当				生徒指導			特別活動
名称	ボランティア担当	ボランティア係	その他	生徒指導部ボランティア担当	生徒指導部ボランティア係	その他	特別活動部ボランティア担当	その他
内訳	14	12	3	12	3	6	6	2
合計(%)	29 (8.6)			21 (6.2)			8 (2.4)	
系列	総務		宗教	センター	コーディネーター			
名称	総務部ボランティア担当	その他	宗教部担当等	ボランティアセンター担当等	豊かな心育成コーディネーター等			
内訳	4	2	4	4	3			
合計(%)	6 (1.8)		4 (1.2)	4 (1.2)	3 (0.9)			

表1-2-6　学校内でボランティア活動に関する相談・情報提供をする人（主な役割）

複数回答　n=338

役割	情報提供	外部機関との連絡・調整	とりまとめ	相談窓口	ボランティア活動の企画・実施	オリエンテーション・諸手続き	活動時の引率	指導	機関誌発行等啓発活動	単位認定手続き	活動報告・記録管理	表彰・評価
合計(%)	187 (55.3)	74 (21.9)	50 (14.8)	36 (10.7)	24 (7.1)	18 (5.3)	18 (5.3)	14 (4.1)	6 (1.8)	4 (1.2)	4 (1.2)	2 (0.6)

担当がその中心であった．その主な役割としては，「情報提供」55.3%，「外部機関との連絡・調整」21.9%，「とりまとめ」14.8%が比較的多かった．

(3) ボランティア活動の内容や時間を記入する様式

生徒がボランティア活動に取り組んだ際に，その内容や時間などを記入する様式（ボランティア・パスポートや活動記録用紙など）があるか聞いた．

全体では，「ある」19.5%，「ない」80.5%で，8割以上の学校には所定の様式がないことがわかった．属性に着目すると，「単位認定」と「設置形態」に関して有意差があった．「単位認定」では，「認定している」学校では7割以上の学校で所定の様式があり，「認定していない」学校とは60ポイント近い開きがあった．「設置形態」では，「ある」に関して「私立」が20%を超えるのに対して，「市区町村立」は5%に満たなかった．

(4) 活動報告書の作成

生徒のボランティア活動に関する報告書などを作成しているか複数回答で聞

表1-2-7 ボランティア活動の内容や時間を記入する様式　　単位：%

		ある	ない	検定結果
単位認定	認定している　n=125	73.6	26.4	**
	認定していない　n=1414	14.7	85.3	
設置形態	都道府県立　n=1068	19.0	81.0	**
	市区町村立　n=70	4.3	95.7	
	私立　n=388	24.0	76.0	
課程	全日制　n=1445	19.5	80.5	n.s.
	定時制　n=60	16.7	83.3	
	通信制　n=30	23.3	76.7	
学校タイプ	普通校　n=922	18.9	81.1	n.s.
	専門校　n=358	17.3	82.7	
	進路多様校　n=260	24.6	75.4	
	全体　n=1541	19.5	80.5	

$**p<.01$

いた．

　全体では，「作成していない」59.3％が最も多く，以下，「部活・クラブで作成している」18.3％，「学校全体で作成している」17.1％，「生徒会で作成している」11.6％であった．このことから，約6割の学校では作成しておらず，作成している場合は部活・クラブや学校全体での作成で2割弱に留まっていることがわかる．

　属性に着目すると，「学校全体で作成している」では，「単位認定」と「設置形態」で有意差があった．「認定している」学校では5割以上が作成しており，「認定していない」学校とは40ポイント近い開きがあった．「設置形態」では，「都道府県立」と「私立」が2割近いのに対して，「市区町村立」は10％に満たなかった．「部活・クラブで作成している」では，「単位認定」と「設置形態」，

表1-2-8　活動報告書の作成（複数回答）　　　　　　　　　　　　　　単位：％

		学校全体で作成している	生徒会で作成している	部活・クラブで作成している	作成していない
単位認定	認定している　n=125	53.6	8.0	6.4	38.4
	認定していない　n=1422	13.9	11.9	19.3	61.2
	検定結果	**	n.s.	**	**
設置形態	都道府県立　n=1071	17.0	10.5	16.8	39.3
	市区町村立　n=70	7.1	14.3	12.9	32.9
	私立　n=393	19.8	14.5	23.7	46.8
	検定結果	*	n.s.	**	*
課程	全日制　n=1452	16.6	11.8	19.1	41.0
	定時制　n=60	26.7	6.7	3.3	36.7
	通信制　n=31	25.8	12.9	9.7	35.5
	検定結果	n.s.	n.s.	*	n.s.
学校タイプ	普通校　n=927	17.0	11.8	17.6	60.2
	専門校　n=359	15.9	9.7	16.4	63.2
	進路多様校　n=262	19.1	13.4	22.9	51.1
	検定結果	n.s.	n.s.	n.s.	*
	全体　n=1549	17.1	11.6	18.3	59.3

$**p<.01$　$*p<.05$

表1-2-9 地域社会で活動する施設・機関（複数回答）　　　　　　　単位：%

		幼稚園	保育所	児童館	小学校	中学校
単位認定	認定している　n=117	37.6	50.4	16.2	19.7	5.1
	認定していない　n=1198	24.1	35.3	11.7	11.4	4.0
	検定結果	**	**	n.s.	**	n.s.
設置形態	都道府県立　n=928	23.9	39.7	12.0	13.5	4.2
	市区町村立　n=57	24.6	29.8	14.0	14.0	5.3
	私立　n=323	30.0	29.1	12.4	8.0	3.7
	検定結果	n.s.	**	n.s.	*	n.s.
課程	全日制　n=1244	25.7	37.3	12.4	12.4	4.2
	定時制　n=48	20.8	29.2	10.4	12.5	4.2
	通信制　n=19	21.1	15.8	0.0	0.0	0.0
	検定結果	n.s.	*	n.s.	n.s.	n.s.
学校タイプ	普通校　n=764	23.8	36.6	11.3	10.9	3.9
	専門校　n=316	23.1	36.7	12.3	16.1	4.7
	進路多様校　n=236	33.9	37.3	14.4	11.0	3.8
	検定結果	**	n.s.	n.s.	*	n.s.
	全体　n=1309	25.6	37.0	12.1	12.2	4.1

		特別支援学校	高齢者施設	障害者施設	病院	郵便局
単位認定	認定している　n=117	31.6	64.1	45.3	17.9	0.9
	認定していない　n=1198	21.9	60.7	40.4	12.4	0.5
	検定結果	**	n.s.	n.s.	*	n.s.
設置形態	都道府県立　n=928	25.1	59.1	35.8	11.4	0.5
	市区町村立　n=57	17.5	54.4	43.9	15.8	0.0
	私立　n=323	17.0	67.8	54.8	17.0	0.6
	検定結果	**	n.s.	**	n.s.	n.s.
課程	全日制　n=1244	23.5	61.3	41.7	13.5	0.6
	定時制　n=48	10.4	50.0	25.0	4.2	0.0
	通信制　n=19	5.3	68.4	26.3	0.0	0.0
	検定結果	**	n.s.	**	*	n.s.
学校タイプ	普通校　n=764	20.9	61.5	41.5	13.4	0.3
	専門校　n=316	26.3	54.1	32.6	11.1	0.3
	進路多様校　n=236	23.7	68.6	50.0	14.0	1.7
	検定結果	*	**	**	n.s.	*
	全体　n=1309	22.8	61.3	41.1	13.0	0.5

第1章 ボランティア活動等体験活動に関する施策・支援

		役所・役場	社会福祉協議会	図書館	公民館	博物館	体育館	青少年施設	その他
単位認定	認定している　n=117	9.4	37.6	4.3	8.5	2.6	3.4	12.0	37.6
	認定していない　n=1198	11.4	33.6	3.7	8.1	1.3	2.5	6.3	30.1
	検定結果	n.s.	n.s.	n.s.	n.s.	n.s.	n.s.	**	*
設置形態	都道府県立　n=928	11.1	33.3	3.9	8.8	1.4	2.7	7.0	31.4
	市区町村立　n=57	8.8	28.1	3.5	8.8	5.3	1.8	3.5	35.1
	私立　n=323	10.8	35.9	3.4	5.9	0.6	2.2	6.8	27.9
	検定結果	n.s.	n.s.	n.s.	n.s.	*	n.s.	n.s.	n.s.
課程	全日制　n=1244	10.9	34.6	3.6	8.0	1.1	2.3	6.8	30.3
	定時制　n=48	8.3	14.6	4.2	12.5	6.3	8.3	10.4	41.7
	通信制　n=19	21.1	26.3	10.5	5.3	5.3	0.0	0.0	26.3
	検定結果	n.s.	**	n.s.	n.s.	**	*	n.s.	n.s.
学校タイプ	普通校　n=764	9.8	32.6	3.5	6.9	1.3	1.8	6.7	30.8
	専門校　n=316	13.6	33.9	3.5	9.5	1.3	3.8	7.6	34.2
	進路多様校　n=236	11.9	38.1	4.7	10.2	1.7	3.4	6.4	25.8
	検定結果	n.s.	n.s.	n.s.	n.s.	n.s.	n.s.	n.s.	n.s.
	全体　n=1309	11.2	34.1	3.7	8.2	1.4	2.6	6.9	30.9

$**p<.01$　$*p<.05$

「課程」で有意差があった.「単位認定」では,「認定していない」学校が約2割で,「認定している」学校とは10ポイント以上開きがあった.「設置形態」では,「私立」が2割を超えるのに対して,「市区町村立」は1割強で10ポイント以上の開きがあった.「課程」では,「全日制」が2割近いのに対して,「定時制」は5％にも満たず,15ポイント以上の開きがあった.

(5) 地域社会で活動する施設・機関

学校教育の一環としてボランティア活動に取り組む際,地域社会のどのような施設・機関で活動しているのか,複数回答で聞いた.

全体では,「高齢者施設」61.3％,「障害者施設」41.1％,「保育所」37.0％,「社会福祉協議会」34.1％,「幼稚園」25.6％,「特別支援学校」22.8％が比較的多かった.これらの施設・機関に関して,属性別にみて顕著な差が認められた点を確認する.

「高齢者施設」では,「学校タイプ」に関して,「進路多様校」が68.6％であるのに対して「専門校」が54.1％で約15ポイントの開きがあった.「障害者施設」では,「設置形態」に関して,「私立」が54.8％であるのに対して「都道府県立」が35.8％で約20ポイントの開きがあった.また,「課程」について,「全日制」が41.7％であるのに対して,「定時制」が25.0％で15ポイント以上の開きがあった.「保育所」では,「単位認定」に関して,「認定している」が50.4％であるのに対して,「認定していない」は35.3％で約15ポイントの開きがあった.また,「設置形態」について,「都道府県立」が39.7％であるのに対して,「私立」は29.1％で10ポイント以上の開きがあった.「社会福祉協議会」では,「課程」に関して,「全日制」が34.6％であるのに対して,「定時制」が14.6％で,20ポイント開きがあった.「幼稚園」では,「単位認定」に関して,「認定している」が37.6％であるのに対して,「認定していない」は24.1％で15ポイント近い開きがあった.また,「学校タイプ」について,「進路多様校」が33.9％であるのに対して「専門校」が23.1％で10ポイント以上の開きがあった.「特別支援学校」では,「単位認定」に関して,「認定している」31.6％であるのに対

表 1-2-10　地域社会で活動する施設・機関（複数回答）　その他の回答　n=404

系列	学校周辺			屋外			
名称	学校周辺地域	駅・バス停	通学路	公園	海浜	スポーツ関連施設	その他
内訳	125	61	58	43	28	12	5
合計(％)	244 (60.4)			88 (21.8)			
系列	市街地			公的施設			
名称	イベント会場	街頭	その他	児童福祉施設	消防署	その他	
内訳	21	13	19	9	4	22	
合計(％)	53 (13.1)			35 (8.7)			
系列	地域施設			個人宅			
名称	日本赤十字社	ロータリークラブ	その他	高齢者宅	その他		
内訳	5	4	22	14	7		
合計(％)	31 (7.7)			21 (5.2)			

して「認定していない」21.9％で約10ポイント開きがあった．また，「設置形態」について，「都道府県立」が25.1％であるのに対して「私立」は17.0％で約8ポイント差があった．「課程」では，「全日制」が23.5％であるのに対して，「通信制」が5.3％で20ポイント近い開きがあった．

なお，「その他」が3割を超えているが，その内容としては，駅やバス停，通学路といった「学校周辺」や公園等の「屋外」が多かった．

3　考　察

(1) 学校内の相談体制

学校内におけるボランティア活動に関する相談・情報提供窓口に着目すると，担当機関・組織がある学校が3割弱，担当者がいる学校が約2割という実情であった．このことから，校務分掌としてボランティア担当が明確には位置づいていない学校が多いことが推察される．見方を変えれば，高校生がボランティ

ア活動をしたいという思いになった時に，それに適切に対応することが容易な体制になっていない，すなわち顕在的なボランティア活動希望者のニーズに応えることができていないものと考えられる．

　そうした状況下で，学校外のボランティア活動を単位「認定している」学校に関しては，組織・機関は6割近く，担当者は3割以上おり，「認定していない」学校より体制が整備されていると捉えることができる．教育課程外で生徒が本当の意味で自主的・自発的に取り組むボランティア活動を「単位認定」する仕組みが整っている学校は，学内的にもボランティア活動推進に理解があり，窓口も確立していることがうかがえる．こうした窓口があることは，学校内外，教育課程内外のボランティア活動をつなぎ，活性化につなげる相乗効果をもたらすものと思われる．

　具体的な組織・機関や人物に着目すると，部活動関連が多いことが明らかである．特にボランティア活動関連の部・クラブがある場合は，そこが相談窓口の役割を担っており，それらがない場合には生徒会がそれを担っていることがわかる．教育課程外の課外活動としての位置づけである部活動が相談・情報提供の役割を果たしているということは，学校外の活動に目が向く傾向にあるのではないかと思われる．その証左に，主な役割として「情報提供」や「外部機関との連絡・調整」「とりまとめ」が上位に挙がっており，学校内で完結するような活動ではなく，地域社会とつながるような活動が想定されていることがうかがえる．

(2) 活動記録

　活動記録は，その活動実績を記録として留めることはもちろん，継続的に蓄積していくことで学校や生徒会，部・クラブの歴史ともなり得るものである．生徒個人の視点で捉えても，例えば3年間活動を継続してその記録を蓄積すれば，活動を振り返り，発展的な活動へのヒントを読み取ることができる．また，ポートフォリオとして成長の足跡をたどることも可能である．高等学校学習指導要領（2009年告示）においても振り返りに関して，特別活動の中で「幼児，

高齢者，障害のある人々などとの触れ合い，自然体験や社会体験などの体験活動を充実するとともに，体験活動を通して気付いたことなどを振り返り，まとめたり，発表し合ったりするなどの活動を充実するよう工夫すること」という記述があり，その重要性が指摘されている．

そうした観点から現状を鑑みると，ボランティア活動の内容や時間を記入する様式がある学校が2割弱に留まっていること，活動報告書を作成していない学校が6割近くあることは憂うべき事態である．そうした中で，ボランティア活動の単位を「認定している」学校は7割以上が「ある」と回答しており，活動そのものの推進はもちろん，振り返りも含めて客観的な記録として残すことにも理解があるものと解釈できる．

(3) 活動の場

「高齢者施設」や「障害者施設」「保育所」「幼稚園」「特別支援学校」といった，いわば日常生活であまり関わり合うことのない異質な他者との出会いがある場が活動の場となっているのではないかと思われる．そうした体験自体は意義のあることであるが，それだけに終始してしまうと，ボランティア活動に対して特別なものというイメージを与えかねない．教師のボランティア観の再考が必要となるのかもしれないが，より身近で，気軽に取り組むことができる内容や場があることを認識させることが求められるのではないかと思われる．本調査に即していえば，「図書館」や「公民館」「博物館」「青少年施設」といった社会教育施設が活動の場となっている割合は比較的少ない状況である．これらの施設は，数量的にみれば[4]決して少ないわけではない．そうした社会教育施設での活動が広く定着することが，高校生のボランティア活動の裾野を広げる一助になるのではないかと考えられる．

【注記】
（1）単位認定は，生徒が学校外で行っているボランティア活動について，学校内で単位認定をしているか否かを聞いたものである．設置形態は，「都道府県立」「市

区町村立」「私立」の3つ，課程は「全日制」「定時制」「通信制」の3つ，学校タイプは「普通校（普通科のみの学校）」「専門校（専門学科のみの学校）」「進路多様校（普通科と専門学科の両方がある学校）」の3つに便宜的に分類した．なお，属性別の比較を行う際，サンプル数に偏りがあるため，解釈する際にはそれを充分に留意する必要があることを付記する．
（2）JRC（Junior Red Cross）とは青少年赤十字を意味し，「児童・生徒が赤十字の精神に基づき，世界の平和と人類の福祉に貢献できるよう，日常生活の中での実践活動を通じて，いのちと健康を大切に，地域社会や世界のために奉仕し，世界の人々との友好親善の精神を育成することを目的」としている．
（http://www.jrc.or.jp/youth/about/index.html 参照）
（3）インターアクトクラブ（International Action Club）とは，ロータリークラブが提唱するクラブで，学校基盤・地域基盤の2タイプがある．国際理解・親善と地域社会への奉仕を主な活動としている．
（4）学校教育基本調査（平成22年度）によると，幼稚園13,392園，小学校22,000校，中学校10,815校，特別支援学校1,039校となっている．また，平成20年度社会教育調査報告書では，図書館3,165館，博物館1,248館，公民館（類似施設含む）16,566館，青少年教育施設1,129施設となっている．

　本節は，林幸克「高等学校におけるボランティア活動の実践状況―支援体制の在り方に着目した検討―」『日本生涯教育学会論集』31，2010年，pp. 83-92. をもとに加筆・修正したものである．

第2章 教育課程におけるボランティア活動

第1節 データでみる現状

　第1章第1節で確認したように，昨今の文部科学省等のボランティア活動に関する施策を概観すると，非常に精力的に展開されていることがわかる．高等学校学習指導要領（1999年）においてボランティア活動の文言が明示されたことや教育改革国民会議「教育を変える17の提案」（2000年）や「21世紀教育新生プラン」（2001年）を受けての学校教育法・社会教育法の一部改正や中央教育審議会答申におけるボランティア活動への言及などからも明らかである．

　そうした状況下で，1999年告示の学習指導要領以降，様々な調査研究や事例研究の成果が蓄積されている．また，全国各地から多種多様な実践が報告され，特色ある活動が行われていることも見聞する．しかしながら，それらの内実を吟味すると，特別活動での取り組み，特に高等学校の特別活動におけるボランティア活動の実践についての知見が少ないという実情がある．そこで本節では，教育課程全般におけるボランティア活動の実践状況を確認しつつ，特別活動に特に焦点を当て，全国的にどのような実践状況であるのか，その実態を明らかにする．

1　内　容

　本節では，各教科，総合的な学習の時間，特別活動，それから教育課程外の活動ではあるが，部活動について，それぞれの実践状況を明らかにする．その中の特別活動については，ホームルーム活動，学校行事，生徒会活動における

ボランティア活動の実施状況である．学校行事に関しては，行事の種類別の実施状況も聞いた．また，生徒会活動については，ボランティア活動に取り組んでいるという回答が得られた場合，具体的な委員会等の名称も求めた．なお，調査票にはボランティア活動の捉え方について，「基本的には『個人の自由意思に基づき，その技能や時間等を進んで提供し，社会に貢献すること』（1992年生涯学習審議会答申）とします．ただし，学校教育におけるボランティア活動の捉え方に関しては，ボランティア活動について考えたり，体験したりする，ボランティア活動のためのきっかけ作りや導入教育として行う取り組みもボランティア活動として捉えることとします」と明記した．

それぞれの調査内容に関して，全体的な傾向とともに，属性（単位認定，設置形態，課程，学校タイプ）による差異についても分析した．

2 結　果
(1) 各教科におけるボランティア活動
① 普通教育におけるボランティア活動

普通教育（国語，地理歴史，公民，数学，理科，外国語など）に関する各教

表2-1-1　普通教育におけるボランティア活動　　　　　単位：％

		取り上げている	取り上げていない	検定結果
単位認定	認定している　n=122	14.8	85.2	n.s.
	認定していない　n=1408	11.9	88.1	
設置形態	都道府県立　n=1058	12.9	87.1	n.s.
	市区町村立　n=68	16.2	83.8	
	私立　n=391	9.7	90.3	
課　程	全日制　n=1436	12.1	87.9	n.s.
	定時制　n=59	11.9	88.1	
	通信制　n=31	19.4	80.6	
学校タイプ	普通校　n=917	12.0	88.0	n.s.
	専門校　n=355	13.0	87.0	
	進路多様校　n=259	12.0	88.0	
	全体　n=1532	12.2	87.8	

表 2-1-2　普通教育におけるボランティア活動（教科・科目）　　複数回答　n＝187

教科	家庭			公民			
科目	（家庭）	家庭基礎	家庭総合	（公民）	現代社会	政治・経済	倫理
内訳	45	34	39	43	33	3	7
合計(%)	118 (63.1)			86 (46.0)			
教科	外国語				保健体育		
科目	（外国語）	英語	オーラル・コミュニケーション	リーディング	（保健体育）	体育	保健
内訳	7	10	2	1	3	4	4
合計(%)	20 (10.7)				10 (5.3)		
教科	地理歴史		国語				
科目	（地理歴史）	地理	（国語）	国語表現	現代文		
内訳	7	2	6	1	1		
合計(%)	9 (4.8)		8 (4.3)				
教科	理科			情報			
科目	（理科）	生物	理科総合	（情報）	情報A		
内訳	3	1	2	1	1		
合計(%)	6 (3.2)			2 (1.1)			
教科	芸術						
科目	（芸術）	美術	書道				
内訳	0	1	1				
合計(%)	2 (1.1)						

科・科目でボランティア活動を取り上げているかを聞いたところ，全体では，「取り上げている」12.2％，「取り上げていない」87.8％で，9割近くの学校が「取り上げていない」ことがわかった．なお，属性に関しては，単位認定，設置形態，課程，学校タイプとも有意差は認められなかった．

具体的な教科・科目をみると，教科としては家庭63.1％，公民46.0％が比較的多かった．科目では，「家庭基礎」「家庭総合」「現代社会」という回答が多

② 専門教育におけるボランティア活動

　専門教育（農業，工業，商業，水産，家庭，看護，情報，福祉，理数，体育，音楽，美術など）に関する各教科・科目でボランティア活動を取り上げているか聞いた結果，全体では，「取り上げていない」50.3％，「専門教育に関する各教科・科目はない」33.3％，「取り上げている」16.4％であった．このことから，半数以上の学校で「取り上げていない」ことが明らかになった．

　属性に着目すると，単位認定，設置形態，学校タイプで有意差が認められた．単位認定では，「認定している」学校は25％以上が取り上げており，「認定していない」学校よりも約10ポイント高かった．設置形態では，「私立」で「取り上げている」割合が1割程度に留まっており，「都道府県立」「市区町村立」より5-8ポイント以上低く，また，「専門教育に関する各教科・科目はない」に関しては約10ポイント高いという結果になった．学校タイプについては，「専

表2-1-3　専門教育におけるボランティア活動　　　　　　　　　　　　　単位：％

		取り上げている	取り上げていない	専門教育に関する各教科・科目はない	検定結果
単位認定	認定している　n=122	25.4	42.6	32.0	*
	認定していない　n=1383	15.5	51.0	33.5	
設置形態	都道府県立　n=1038	18.6	50.4	31.0	**
	市区町村立　n=70	15.7	55.7	28.6	
	私立　n=385	10.9	49.1	40.0	
課程	全日制　n=1413	16.8	50.0	33.3	n.s.
	定時制　n=58	13.8	58.6	27.6	
	通信制　n=31	6.5	48.4	45.2	
学校タイプ	普通校　n=894	8.5	36.5	55.0	**
	専門校　n=354	31.6	67.2	1.1	
	進路多様校　n=258	22.9	74.8	2.3	
	全体　n=1507	16.4	50.3	33.3	

**p<.01　*p<.05

表2-1-4　専門教育におけるボランティア活動（教科・科目）　複数回答　n=247

教科	福祉						家庭							
科目	(福祉)	社会福祉基礎	社会福祉実習・演習	社会福祉援助技術	基礎介護	その他	(家庭)	発達と保育	家庭看護・福祉	生活技術	家庭クラブ活動	課題研究	児童文化	保育実習	その他
内訳	58	34	10	6	2	7	42	22	20	2	2	2	2	2	8
合計(%)	117 (47.4)						102 (41.3)								

教科	農業						工業			商業			看護	
科目	(農業)	生物活用・応用	課題研究	草花	総合実習	環境科学基礎	その他	(工業)	課題研究	その他	(商業)	課題研究	その他	(看護)	基礎看護
内訳	12	7	5	5	5	2	9	3	17	7	5	6	4	11	2
合計(%)	45 (18.2)							27 (10.9)			15 (6.1)			13 (5.3)	

門校」で「取り上げている」割合が高く，3割以上の学校が取り上げており，「普通校」と20ポイント以上，「進路多様校」と10ポイント近い開きがあった．

具体的な教科・科目をみると，教科としては，福祉47.4%，家庭41.3%が比較的多かった．科目では，「社会福祉基礎」「発達と保育」「家庭看護・福祉」，工業における「課題研究」という回答が多かった．

③学校設定教科・科目におけるボランティア活動

学校設定教科・科目（「産業社会と人間」など，各学校が生徒や地域の実態などに応じて，特色ある教育課程を編成するために設けたもの）でボランティア活動を取り上げているか聞いた．全体では，「取り上げている」10.2%，「取り上げていない」89.8%で，「取り上げている」学校は約1割であった．

属性をみると，単位認定，課程，学校タイプにおいて顕著な差があった．単位認定では，「認定している」学校では約4割が取り上げており，「認定していない」学校より30ポイント以上高かった．課程では，「定時制」で「取り上げている」割合が2割以上で，「全日制」「通信制」より10ポイント以上高かった．学校タイプでは，「専門校」「進路多様校」で「取り上げている」割合が「普通校」よりもやや高かった．

具体的な教科・科目をみると，「ボランティア」22.9%や「福祉」18.3%をキ

表2-1-5　学校設定教科・科目におけるボランティア活動　　　　　　　　　　単位：%

		取り上げている	取り上げていない	検定結果
単位認定	認定している　n=122	39.3	61.5	**
	認定していない　n=1379	7.6	92.4	
設置形態	都道府県立　n=1039	10.5	89.5	n.s.
	市区町村立　n=65	6.2	93.8	
	私立　n=386	10.1	89.9	
課程	全日制　n=1415	9.8	90.2	**
	定時制　n=54	22.2	77.8	
	通信制　n=30	10.0	90.0	
学校タイプ	普通校　n=900	8.1	91.9	*
	専門校　n=351	14.0	86.0	
	進路多様校　n=252	12.3	87.7	
全体　n=1504		10.2	89.8	

**p<.01　*p<.05

表2-1-6　学校設定教科・科目におけるボランティア活動（教科・科目）

複数回答　n=153

キーワード	ボランティア								福祉				
科目	ボランティア	ボランティア活動	ボランティア実践	ボランティア学習	ボランティア基礎	国際ボランティア基礎	福祉ボランティア	その他	福祉	福祉活動	社会福祉総合	福祉と人権	その他
内訳	8	7	5	3	2	2	2	6	5	4	2	2	15
合計(%)	35 (22.9)								28 (18.3)				

キーワード	生活				奉仕		環境	宗教			体験		
科目	産業社会と人間	ライフデザイン	人間関係	その他	奉仕	その他	環境	宗教	聖書	その他	体験活動	体験学習	その他
内訳	24	3	2	11	13	2	14	8	2	1	2	2	7
合計(%)	24 (15.7)	16 (10.5)			15 (9.8)		14 (9.2)	11 (7.2)			11 (7.2)		

ーワードに含む科目が比較的多かった．個別の科目では，「産業社会と人間」や「奉仕」「ボランティア」「ボランティア活動」が多かった．

これらの結果から，各教科におけるボランティア活動に関しては，普通教育における教科・科目や学校設定教科・科目では約10％の学校が取り上げ，専門教育における教科・科目では15％以上の学校が取り上げていることがわかった．ただ，いずれにしても，各教科での取り組みは消極的であると推察される．

(2) 総合的な学習の時間におけるボランティア活動

総合的な学習の時間でのボランティア活動の取り組みに関して，「全部の学年・クラスで取り組んでいる」「取り組んでいる学年・クラスがある」「取り組んでいない」の三者択一で質問した．その結果，全体では，「取り組んでいない」72.9％が最も多く，以下，「取り組んでいる学年・クラスがある」19.0％，

表2-1-7　総合的な学習の時間におけるボランティア活動　　　　　単位：％

		全部の学年・クラスで取り組んでいる	取り組んでいる学年・クラスがある	取り組んでいない	検定結果
単位認定	認定している　n=124	9.7	20.2	70.2	n.s.
	認定していない　n=1404	7.9	18.9	73.1	
設置形態	都道府県立　n=1053	7.4	19.4	73.2	n.s.
	市区町村立　n=70	11.6	8.7	79.7	
	私立　n=389	9.2	20.5	70.3	
課程	全日制　n=1433	7.7	18.9	73.3	n.s.
	定時制　n=60	16.7	21.7	61.7	
	通信制　n=31	3.2	22.6	74.2	
学校タイプ	普通校　n=917	10.0	20.2	69.8	**
	専門校　n=353	4.8	13.9	81.3	
	進路多様校　n=259	5.4	22.0	72.6	
	全体　n=1530	8.0	19.0	72.9	

**p<.01

「全部の学年・クラスで取り組んでいる」8.0%であった．このことから，7割以上の学校は「取り組んでいない」ことがわかった．

属性をみると，学校タイプで有意差が認められた．「全部の学年・クラスで取り組んでいる」「取り組んでいる学年・クラスがある」，この両者の合計を「取り組んでいる」とすると，「普通校」「進路多様校」は約3割であるのに対して，「専門校」では2割に満たない状況であった．この結果は，一見すると「専門校」での取り組みが低調であるように解釈され得るかもしれない．ただ，この解釈には注意が必要である．専門教育におけるボランティア活動で具体的な科目をみた際に，家庭科等の教科で科目として「課題研究」が挙がっているケースがあった．専門校では，この「課題研究」での取り組みを総合的な学習の時間に読み替えることが可能であるため，それが今回の結果に反映されたのではないかと考えられる．

(3) 特別活動におけるボランティア活動

① ホームルーム活動

全体的な傾向は，「取り組んでいない」62.3%，「取り組んでいる学年・クラスがある」22.2%，「全部の学年・クラスで取り組んでいる」15.5%で，「取り組んでいる」(「全部の学年・クラスで取り組んでいる」+「取り組んでいる学年・クラスがある」，以下同様）学校は40%に満たないことが示された．

単位認定について，「認定している」学校の方が，「取り組んでいる」割合が約7ポイント高かった．設置形態では，「私立」(43.2%)，「都道府県立」(37.3%)，「市区町村立」(17.4%)の順で「取り組んでいる」ことがわかり，「市区町村立」の未実施が目立った．課程に着目すると，有意差は認められなかったものの，「定時制」(42.8%)，「全日制」(37.8%)，「通信制」(23.4%)の順で「取り組んでいる」ことがわかった．学校タイプに関しては，「進路多様校」(42.0%)，「普通校」(37.7%)，「専門校」(34.8%)の順で「取り組んでいる」ことが明らかになった．

表2-1-8　ホームルーム活動におけるボランティア活動　　　　　　　　単位：％

		全部の学年・クラスで取り組んでいる	取り組んでいる学年・クラスがある	取り組んでいない	検定結果
単位認定	認定している　n=122	24.6	19.7	55.7	*
	認定していない　n=1379	14.7	22.5	62.8	
設置形態	都道府県立　n=1035	15.8	21.5	62.6	**
	市区町村立　n=69	8.7	8.7	82.6	
	私立　n=384	16.4	26.8	56.8	
課　　程	全日制　n=1411	15.4	22.4	62.2	n.s.
	定時制　n=56	23.2	19.6	57.1	
	通信制　n=30	6.7	16.7	76.7	
学校タイプ	普通校　n=897	16.1	21.6	62.3	*
	専門校　n=350	17.1	17.7	65.1	
	進路多様校　n=255	11.4	30.6	58.0	
	全体　n=1503	15.5	22.2	62.3	

**p<.01　*p<.05

② 学校行事

　全体的な傾向としては，「取り組んでいる」58.3％，「取り組んでいない」41.7％で，約60％の学校は何らかの学校行事でボランティア活動に取り組んでいることが明らかになった．その「取り組んでいる」行事の種類を複数回答で聞いたところ，「勤労生産・奉仕的行事」(85.4％)，「学芸的行事」(12.0％)，「健康安全・体育的行事」(9.3％)，「旅行・集団宿泊的行事」(5.1％)，「儀式的行事」(4.6％)となり，「勤労生産・奉仕的行事」での取り組みが圧倒的に多いことがわかった．

　単位認定の有無では，「認定している」学校の70％以上が「取り組んでいる」と回答しており，「認定していない」学校より約15ポイント高かった．行事の種類では，「認定している」では「勤労生産・奉仕的行事」に90％以上の学校が取り組んでいた．その一方で，他の4種類の行事に関しては，「認定していない」方がポイントが高く，特に，「学芸的行事」の約7ポイント差が目立った．

表2-1-9 学校行事におけるボランティア活動　　　　　　　　　　　　　　　　単位：％

		取り組んでいる	取り組んでいない	検定結果
単位認定	認定している　n=124	72.6	27.4	**
	認定していない　n=1397	57.0	43.0	
設置形態	都道府県立　n=1053	57.9	42.1	n.s.
	市区町村立　n=67	49.3	50.7	
	私立　n=388	61.6	38.4	
課程	全日制　n=1427	58.7	41.3	n.s.
	定時制　n=59	52.5	47.5	
	通信制　n=31	54.8	45.2	
学校タイプ	普通校　n=913	58.5	41.5	n.s.
	専門校　n=349	56.2	43.8	
	進路多様校　n=260	60.8	39.2	
	全体　n=1523	58.3	41.7	

**p<.01

表2-1-10 取り組んでいる行事の種類（複数回答）　　　　　　　　　　　　　単位：％

		儀式的行事	学芸的行事	健康安全・体育的行事	旅行・集団宿泊的行事	勤労生産・奉仕的行事
単位認定	認定している　n=90	4.4	5.6	6.7	1.1	91.1
	認定していない　n=796	4.6	12.8	9.7	5.5	84.7
	検定結果	**	**	**	**	**
設置形態	都道府県立　n=610	2.8	11.1	10.0	3.4	88.0
	市区町村立　n=33	0.0	12.1	6.1	9.1	78.8
	私立　n=239	10.0	14.6	7.5	8.8	79.5
	検定結果	**	n.s.	n.s.	**	**
課程	全日制　n=837	4.8	12.2	9.2	4.9	84.9
	定時制　n=31	0.0	9.7	12.9	3.2	93.5
	通信制　n=17	5.9	11.8	11.8	17.6	88.2
	検定結果	n.s.	n.s.	n.s.	n.s.	n.s.
学校タイプ	普通校　n=534	5.4	12.0	9.6	4.5	85.0
	専門校　n=196	2.0	11.7	8.2	7.1	86.7
	進路多様校　n=158	5.1	12.7	10.1	4.4	84.8
	検定結果	n.s.	n.s.	n.s.	n.s.	n.s.
	全体　n=888	4.6	12.0	9.3	5.1	85.4

**p<.01

設置形態では有意差が認められなかったが,「私立」で60％以上,「都道府県立」で約60％,「市区町村立」で約50％が「取り組んでいる」ことがわかった. 行事の種類では,「勤労生産・奉仕的行事」に関して,「市区町村立」「私立」が約80％であるのに対して,「都道府県立」が約90％であることが大きな違いであった. また,「儀式的行事」での「私立」の実施率（10％）が比較的高かった. この「儀式的行事」を除くと,「市区町村立」と「私立」は同様の実施傾向にあることがわかる.

課程別にみても有意差は認められず, いずれの課程も55％前後の学校が「取り組んでいる」ことがわかった. 行事の種類に関しても有意差は認められなかったが,「定時制」における「儀式的行事」での実施率の低さ（他が5％前後であるのに対して0.0％）と「通信制」における「旅行・集団宿泊的行事」での実施率の高さ（他が5％未満であるのに対して約18％）が目立った.

学校タイプ別の有意差も認められなかったが, 3タイプとも約55～60％の学校が「取り組んでいる」という結果になった. 行事の種類に関しても有意差は認められず, 5種類すべてで特に顕著な違いはなかった.

表2-1-11　生徒会活動におけるボランティア活動　　　　　　　　　単位：％

		取り組んでいる	取り組んでいない	検定結果
単位認定	認定している　n=120	65.8	34.2	n.s.
	認定していない　n=1422	66.5	33.5	
設置形態	都道府県立　n=1042	67.1	32.9	n.s.
	市区町村立　n=69	62.3	37.7	
	私立　n=385	65.7	34.3	
課　　程	全日制　n=1415	67.7	32.3	**
	定時制　n=59	50.8	49.2	
	通信制　n=31	38.7	61.3	
学校タイプ	普通校　n=902	67.2	32.8	n.s.
	専門校　n=353	63.7	36.3	
	進路多様校　n=255	67.8	32.2	
	全体　n=1511	66.4	33.6	

**p<.01

③ 生徒会活動

　全体的な傾向では，「取り組んでいる」66.4％，「取り組んでいない」33.6％で，およそ3分の2の学校が取り組んでいることがわかった．具体的な委員会等の名称をみると，生徒会執行部に代表される生徒会（36.0％）やボランティア委員会などのボランティア関連委員会（10.4％），美化委員会などの環境・美化関連委員会（7.1％）が比較的多く挙げられていた．その他には，福祉・奉仕関連委員会（5.7％），保健関連委員会（3.0％），生活関連委員会（2.5％），家庭クラブ関連（2.4％）などがあった．

　単位認定の有無，設置形態，学校タイプに関しては有意差が認められず，全体の傾向と同様であった．課程別では大きな違いがあり，「取り組んでいる」割合が，「定時制」で約50％，「通信制」で約40％に留まっていることが明ら

表2-1-12　生徒会活動におけるボランティア活動（主な委員会等の名称）　n＝1004

系列	生徒会				ボランティア				環境・美化			
委員会名	生徒会執行部	総務委員会	中央委員会	その他	ボランティア委員会	ボランティア局	ボランティア推進委員会	その他	美化委員会	環境委員会	環境美化委員会	その他
内訳	335	7	4	15	88	4	2	10	45	9	7	10
合計(％)	361 (36.0)				104 (10.4)				71 (7.1)			
系列	福祉・奉仕			保健		生活		家庭クラブ		厚生		JRC
委員会名	福祉委員会	奉仕委員会	その他	保健委員会	その他	生活委員会	その他	家庭クラブ委員会	家庭クラブ	厚生委員会	その他	JRC委員会
内訳	37	7	13	27	3	23	2	12	12	12	3	12
合計(％)	57 (5.7)			30 (3.0)		25 (2.5)		24 (2.4)		15 (1.5)		12 (1.2)
系列	宗教		風紀		交通		図書		文化祭		人権	
委員会名	宗教委員会	その他	風紀委員会	その他	交通安全委員会	その他	図書委員会	その他	文化祭実行委員会	その他	人権委員会	人権福祉委員会
内訳	9	2	3	7	4	4	7	5	2	3	1	
合計(％)	11 (1.1)		10 (1.0)		8 (0.8)		7 (0.7)		7 (0.7)		4 (0.4)	

かになり,「全日制」(67.7%) と比較して,両者,特に「通信制」の実施率が低いことがわかった.

(4) ボランティア活動に取り組む部活動

ボランティア活動に取り組んでいる部活動やサークル,同好会があるか否かを聞いたところ,全体では,「ある」67.7%,「ない」32.3%であった.この結果から,3分の2以上の学校に,ボランティア活動に取り組む部活動等があることが明らかになった.

属性に着目すると,設置形態,課程,学校タイプで有意差が認められた.設置形態では,「都道府県立」「私立」の約7割が「ある」という回答であるのに対して,「市区町村立」では5割に留まっており,約20ポイントの開きがあった.課程では,「全日制」の約7割が「ある」と回答しているのに対して,「定時制」は約4割,「通信制」は約3割に留まっており,約30〜40ポイントの開きがあった.学校タイプでは,「進路多様校」が75％を超える学校が「ある」と回答しており,「普通校」「専門校」より10ポイント前後の開きがあった.

表2-1-13 ボランティア活動に取り組む部活動　　　　　　　　　　　　単位：％

		ある	ない	検定結果
単位認定	認定している n=122	62.3	37.7	n.s.
	認定していない n=1403	68.2	31.8	
設置形態	都道府県立 n=1053	67.6	32.4	*
	市区町村立 n=70	51.4	48.6	
	私立 n=389	71.5	28.5	
課程	全日制 n=1435	69.5	30.5	**
	定時制 n=57	40.4	59.6	
	通信制 n=29	31.0	69.0	
学校タイプ	普通校 n=911	67.3	32.7	**
	専門校 n=355	62.5	37.5	
	進路多様校 n=260	76.2	23.8	
	全体 n=1527	67.7	32.3	

**p<.01　*p<.05

表2-1-14 ボランティア活動に取り組む部活動（主な部活動）　複数回答　n=1034

系列	ボランティア				JRC			運動部			
部活動名	ボランティア部	ボランティア同好会	ボランティアサークル	その他	JRC部	JRC同好会	その他	野球部	バレーボール部	陸上競技部	その他
内訳	146	71	14	34	242	11	2	41	15	14	99
合計(%)	265 (25.6)				255 (24.6)			169 (16.3)			

系列	演奏				インターアクト			国際			家庭クラブ	
部活動名	吹奏楽部	音楽部	ブラスバンド部	その他	インターアクトクラブ	インターアクト部	その他	Sクラブ	ユネスコ部	その他	家庭クラブ	その他
内訳	83	10	8	47	84	45	7	15	12	42	53	15
合計(%)	148 (14.3)				136 (13.2)			69 (6.7)			68 (6.6)	

系列	文化部				福祉			合唱			
部活動名	茶道部	演劇部	美術部	その他	社会福祉部	福祉部	その他	合唱部	聖歌隊	コーラス部	その他
内訳	14	5	5	15	11	4	14	14	5	4	2
合計(%)	39 (3.8)				29 (2.8)			25 (2.4)			

　具体的な部活動等をみると，「ボランティア」25.6％や「JRC」24.6％をキーワードに含む部活動等が比較的多かった．個別の部活動では，「JRC部」や「ボランティア部」「インターアクトクラブ」「吹奏楽部」「ボランティア同好会」「家庭クラブ」「インターアクト部」が多かった．

3　特別活動に焦点化した考察
(1) 全体考察

　学習指導要領（1999年告示）において，ホームルーム活動に関しては「個人及び社会の一員としての在り方生き方，健康や安全に関すること．」の内容として「ボランティア活動の意義の理解」があり，生徒会活動では活動の一例として「ボランティア活動などを行うこと．」と示され，学校行事では「勤労生産・奉仕的行事」の内容として「ボランティア活動など社会奉仕の精神を養う

体験が得られるような活動を行うこと.」とされている.

その実態について, それぞれの活動における取り組み状況をみると, ホームルーム活動で37.7%, 学校行事で58.3%（勤労生産・奉仕的行事での取り組みが85.4%）, 生徒会活動で66.4%という結果であった.

各活動における実施率が異なるが, その要因の一つとして, ボランティア活動の相対的な位置づけがあると思われる. すなわち, 生徒会活動では, 学習指導要領で活動例が4つ示されている中の一つとしてボランティア活動があるのに対して, ホームルーム活動では18の活動例のうちの一つという位置づけであり, それが焦点の当てやすさや取り上げやすさにつながり, 実施率に反映されているものと考えられる. ただ, そうした中でホームルーム活動での取り組みが約4割であることを低調であるとみなすのは早計である. むしろ, 積極的に取り組まれていると解釈できるのかもしれない. 今後, その内実の詳細を慎重に吟味する必要がある.

また, 活動時間の確保の問題も要因の一つとして挙げられる. ホームルーム活動は通常週1時間あり, 継続的な取り組みができる反面, 活動時間は短い. それに対して生徒会活動や学校行事は教育課程外（始業前や放課後など）の時間や学校の休業日などを使い, 比較的長い時間をかけて取り組むことが可能である. ボランティア活動の実践には, そうしたじっくり取り組むことができる時間が適していると思われる.

ただし, 実践に関してはそうかもしれないが, 実践の前後には事前学習と事後学習があることが望まれる. 実践の中にそれも含めているのかもしれないが, その学習時間にはホームルーム活動が適していると考えられる. そう考えれば, 生徒会活動や学校行事の実施率とそれほど大きな開きは生じないはずであるが, 実際は違う. このことから, ボランティア活動は実践されているが, 事前・事後学習は, 実践ほど重要視されておらず, あまり取り組まれていない状況があるのではないかと推察される. 見方を変えれば, 事前・事後学習が, 教育課程のどの領域・内容で行われているのか（あるいは行われていないのか）, 明らかにする必要がある. 特に高校生は, 小・中学生と比べて, ただボランティア

活動をやるというのではなく，ボランティア活動の求められる歴史的・社会的背景や高校時代に取り組むことの意味などを理論的に整理して説明し，実践の意義と効果の理解を促すことが求められるため，事前・事後学習の在り方は看過できないものである．

(2) 内容別考察
① ホームルーム活動

生徒の学校外のボランティア活動を単位認定している学校の方が取り組む，特に全校的に取り組む傾向にあることがわかった．このことから，ホームルーム活動での取り組みが学校外の活動への契機となり，それが単位として認定されるという循環があるものと推察される．

設置形態（実施率の高い順に私立，都道府県立，市区町村立）と学校タイプ（実施率の高い順に進路多様校，普通校，専門校）による実施率の差異が認められた．前者では，「私立」と「都道府県立」は同様の実施傾向にあるのに対して，「市区町村立」の実施率の低さが著しいこと，後者では，「進路多様校」における部分的実施が多いことが特徴的であった．公立学校として一括するのではなく，「都道府県立」と「市区町村立」を区分けして吟味する必要性のあることが示された．また，普通科と専門学科が混在する学校においては，学科ごとの教育内容・目標がホームルーム活動にも反映されると思われるため，全校的に取り組むというよりは部分的に実施するという結果になると考えられる．

② 学校行事

単位を「認定している」学校の方が取り組む傾向があることがわかった．ホームルーム活動の場合と同様，学校行事での取り組みと学校外での活動が相互補完的に循環しているものと思われる．

取り組んでいる行事の種類に着目すると，「認定している」学校の「勤労生産・奉仕的行事」での取り組み，「認定していない」学校の方はそれ以外の4行事での取り組みの高さが特徴的であった．前者は，「勤労生産・奉仕的行事」に特化して取り組んでいるのに対して，後者は「勤労生産・奉仕的行事」に重

点を置きながら他の4行事における実践も展開していることがうかがえる．「認定している」学校に関して，ボランティア活動の意義を認めているが故，本来であれば様々な領域で実施可能であるにもかかわらず，学習指導要領の学校行事の記述で，ボランティア活動が「勤労生産・奉仕的行事」でのみ言及されていることに縛られ，やや限定的な取り組みになっているものと考えられる．

設置形態では，「都道府県立」の「勤労生産・奉仕的行事」，「市区町村立」の「旅行・集団宿泊的行事」，「私立」の「儀式的行事」の実施率が他の設置形態に比べて高かった．「儀式的行事」を除く4行事に関して，「市区町村立」と「私立」は同様の実施状況にあったが，それと比較して，「都道府県立」は，「勤労生産・奉仕的行事」の実施率の高さと「旅行・集団宿泊的行事」の実施率の低さでやや異なる傾向を示した．ホームルーム活動でも言及したように，「都道府県立」と「市区町村立」を公立学校として一括するのではなく，別々に吟味する必要があるようである．なお，「私立」の「儀式的行事」の実施率の高さは，その学校独自の教育方針・理念が具体的な実践にも反映され，「儀式的行事」の内容そのものとしてボランティア活動を取り上げるケース，その運営に生徒がボランティアとして関わっていることなどがあるためであると思われる．

③生徒会活動

生徒会活動では，課程（実施率の高い順位に全日制，定時制，通信制）による実施率の違いが大きかった．課程によって学校生活の時間帯や学習空間，生徒間の人間関係の形成の仕方が異なることは明白であり，その影響を大きく受けるのが生徒会活動であると思われる．ホームルーム活動もそうであるが，生徒会活動も，定時制や通信制におけるその存在の有無や在り方も含めて検討する必要がある．

本節は，林幸克「高等学校の特別活動におけるボランティア活動の実践」『日本特別活動学会紀要』第19号，2011年，pp. 53-60をもとに加筆・修正したものである．

第2節　学校行事における実践
―大阪府私立聖母女学院高等学校の事例―

2009年8月3日に訪問し，宗教部福祉担当と聞き取り項目に基づいた半構造化面接（約60分間）を行った．なお，事前に送付した聞き取り項目一覧には，①教科・科目での取り組み，②ホームルーム活動での取り組み，③学校行事での取り組み，④生徒会活動での取り組み，⑤部活動での取り組み，⑥宗教部による支援などについて具体的に聞きたい旨を記した．

なお，本文中のゴシック体の部分は口述記録で，アンダーライン部分はポイントを強調するために筆者が引いたものである．次章・次節以降も同様である．

1　学校所在地及び学校の概要
(1) 学校所在地の概要

学校の所在地である寝屋川市は1889年の町村制施行以来合併を繰り返し，1951年に市制が施行されて誕生した．現在は，人口約24万人，65歳以上人口割合17.3％となっている．市内の学校は，学校基本調査（2009年度）によると，幼稚園17園，小学校25校，中学校14校，高等学校6校である．また，主な生涯学習関連施設は，中央公民館1館，図書館（分室を含む）6館，コミュニティセンター6施設，野外活動センター1施設，埋蔵文化財資料館1館である．なお，大阪府は，まち全体をミュージアムに見立てて，魅力的な地域資源を発掘・再発見するなどしながら，大阪のまちの魅力を内外に発信する「大阪ミュージアム構想」を推進している．その構想に市内の建物・自然など35が登録されている．

(2) 学校の概要

2010年度学校案内には，福祉教育に関して「キリスト教の精神に基いてさまざまな人々との関わりを通して『共に生きる』ことを学ぶ福祉教育．あしな

表 2-2-1　2009年度ボランティア活動実施一覧

活動先	活動日	活動内容
恵みのマリア募金	4月, 10月, 1月	皆さんの善意を助けが必要な人々へ届けるための募金活動です．タイやアフリカの貧しい地域の子供たちや，地域の福祉施設などを支援しています．
あしなが学生募金	4月, 10月	枚方市駅前や樟葉駅前でおこなう「あしなが育英会」の街頭募金．親をなくした子供たちが進学をあきらめなくてもいいように支援します．10時から3時まで活動しています．半日あるいは2時間単位でも参加できます．
百丈山合掌荘老人ホーム	6月, 10月, 12月, 3月	定期テスト最終日，学校から徒歩約20分の特別養護老人ホームでのお手伝い．お掃除，お話，カラオケ，おやつタイム等のお手伝い．入所者のおばあちゃん達と一緒にほのぼのとした午後のひと時を過ごしてください．約3時間．
パゴダの丘作業所	6月, 10月, 12月, 3月	上記の老人ホームの隣の障がい者授産施設でのお手伝い．封筒の袋詰め，クッキーの袋詰めなど一緒に簡単な作業をしたり，散歩をしたりします．聖母の生徒達の来訪を楽しみにしてくださっています．この活動は中3以上対象．約3時間．
通学路清掃	6月, 10月, 12月, 3月	定期テスト最終日に，駅から学校までの通学路のゴミ拾いをします．みんなでいつもお世話になる通学路をきれいにすると気分爽快です．約1時間と活動時間が短いので初めての方も，ぜひ一度参加してみて下さい．クラブ単位での参加も大歓迎．
ピノキオクラブ活動	夏休み，冬休み，春休み	長期休暇中の活動．知的障がいを持つ子供たちとお散歩や遊びの活動．子供たちの保護者主催の活動で，交通費とお弁当が支給されます．一度参加すると，次もという生徒の多い活動です．
釜ヶ崎の炊き出し	7月, 10月, 2月	失業者への炊き出しで，どんぶり鉢にご飯をよそって具をかけておじさんたちに渡す仕事のお手伝い．毎回1000杯前後が配食されます．厳しいこの現状をぜひ自分の目で見て下さい．京橋集合．
合掌フェスタ	11月	11月上旬の合掌荘の秋祭りのお手伝い．バザーの売り子や，催しものの進行のお手伝いなど．高Ⅲの進路決定者は参加のこと．
希望の家バザー	11月	京都七条の福祉施設，希望の家のバザーのお手伝い．リサイクル品の模擬店の売り子やゲームを担当．高Ⅲの進路決定者は参加のこと．
黄金の星老人ホーム	4月	京橋「黄金の里」老人ホームのお花見のお手伝い．車椅子生活をしておられるお年寄りの車椅子を押してお花見会場までご案内するお手伝い．

が学生街頭募金や近くの老人ホーム訪問など，年間20回以上のボランティア活動が学校生活の一部になっています．活動への参加延べ人数は全校生徒の約50％にもなります．生徒達は自由に参加して，人と人とのつながりの大切さを学び，新しい自分に出会っていきます．」とされている．

2009年度に予定されていたボランティア活動は表2-2-1のとおりである．

活動全般に関して，生徒の参加意欲が高く，一人で何度も参加するリピーターが多い．ただ，見方を変えれば，そういったリピーターとして様々な活動に積極的に参加する生徒がいる一方で，そうではない生徒が存在することも事実である．両者の経験や意識の差が大きくなり，取り組みに対する二極化が進まないように留意する必要があるのではないかと思われる．

「先週の火曜日は釜ヶ崎（別名あいりん地区）に行って来ました．今年は参加者を募ったら，もうその日のうちに10人定員になってしまって，「締め切ります」と言ったら，あとで2人の生徒が「私たちは絶対行きたいと思ってたんだけど，無理？」なんて，「ごめんね．締め切りなんで」っていう話になったものの，その2人も入れて．人数が多かったので，釜ヶ崎のフランシスコ会という修道会がやっている施設があるんですが，そこの施設の窓ガラス磨きにも行って，炊き出しの配膳仕事と両方やってきたんですけど，割とボランティアに参加したいっていう意識は高いですね．特別それでどうこうっていうことはないと思うんですが，やっぱり行った生徒たちが，「行ってよかった」って，後輩とかに話しするんだろうと思います．去年参加した子たちの活動の参加者全部数えたら，一人で何回も行ってる子もいますが，全校生徒の大体半数くらいになりましたね，参加延べ人数が．」

2　学芸的行事と旅行・集団宿泊的行事における取り組み
(1) 文化祭における取り組み

学校行事では，学芸的行事と旅行・集団宿泊的行事の中でボランティア活動

に取り組んでいる．前者については，文化祭が相当する．大きく展示と販売に分類することができ，展示では，日頃の活動状況を第三者にわかりやすく伝えるという側面があり，振り返り学習の要素が含まれている．販売では，国内で展開する国際交流という意味合いもあり，後述するタイ隊との関連で，タイの実情を詳細に説明しながらの活動である．他者に説明するには，自分自身がその事柄について十分に理解していることが求められるので，そこにも振り返り学習の要素があると捉えることができる．

「聖母祭という文化祭があるのですが，その文化祭で，東北タイの奨学金をもらっている子どもたちとの交流に関するものを展示します．展示と，そこで向こうの子どもたちが作ったものも販売して，その売り上げ金で，また次年度に訪問する生徒たちが，次のものを買ってくるという，そういう循環をしています．それが一番大きいですかね．文化祭では，クラスや団体が販売や食堂をして収益があります．それを，生徒会収益としてまとめて，その中から毎年タイの奨学金に当てて，毎年奨学生2人ぐらいを担当してますね．各クラスもお小遣いを出し合ってスポンサーになっていますが，文化祭の収益からも支援しています．タイは物価が安いので，去年までは小学生1人の1年間の奨学金が1万円，中学生は2万5,000円でした．今年から，政府が分担するお金が増えたそうで，小学生が1年間7,000円，中学生は1万5,000円になりました．東北タイでは，日本の貨幣価値の10倍ぐらいの値打ちがありそうな感じがするんですね．だから，1万円がタイでは，多分日本円の10万円ぐらいの値打ちがあるんだろうと思うんです．それで，制服，体操服，学用品，それから文房具などの購入費になっているそうですが，奨学金の負担金はそれぐらいで済むんです．文化祭（聖母祭）の収益をそういうところにもあてています．それから，文化祭でタイの子どもたちが作った小物を販売しています．ここのパンフレットにたしかあったと思うんですが，東北タイを訪問するタイ国際ボランティアをタイ隊と呼んでいますが，去年が第18次で，もう18年間続いています．（中

略）

そのタイ隊っていうボランティア活動があるんですね．そのタイ隊の子たちが，聖母祭の売上金でまた，向こうの子供たちを支援する形ですね．で，タイ隊の生徒は，奨学生たちだけでなく，タイのろう学校や村の小学校も訪問しています．タイのろう学校では，お財布だとか，ポシェットだとか，ペンケースだとかね，そういう小物類を手に職をつけるために縫製技術っていいますか，訓練のために作っておられるんですね．大きな物はパジャマとかもありますが，生徒たちが買える物っていうので，お財布とか，ポシェットとか，ちょっとした小物，ポシェットぐらいまでの物を買ってくるんです．で，買ってきた物を文化祭で販売する．奨学金を受けている子どもたちが作った物は小さなビーズ細工などですが，それと，ろう学校の皆さんが作った物を買ってきて，販売して，それをまた向こうに返すっていう，文化祭ではそういうこともやってます．」

(2) **タイ隊における取り組み**

後者の旅行・集団宿泊的行事はタイ隊の活動が該当する．学芸的行事としての文化祭との関連でタイ隊について言及されているが，現地タイでの活動はもちろん，事前学習と事後学習とを有機的に関連づけて，学習効果の向上・定着を企図していることが推察される．

タイ隊について，ホームページには次のように記述されている．

「1980年代後半，私たちの学校のシスターがタイとカンボジアの国境付近で福祉活動を始めました．生徒会では，私たちにも何かできることがないかを考え，1993年12月，タイのスリンをクリスマス訪問し，子どもたちと手作りのクリスマスツリーを作る等の活動をしました．以来，毎年高校生の希望者を募ってタイをクリスマス訪問し，いわゆるスラムの子供たちと交流したり，学校で折り紙を教えたり，聴覚障害児の学校で凧を作って凧揚げをしたり，楽しく充実したひとときを過ごします．事前に少しはタ

イ語を勉強していきますが，実際には片ことのタイ語と身振り手振りであっという間に生徒同士国境を越えて仲良くなれるのが嬉しいところです．17年間に延べ200人以上のメンバーがタイ隊の活動に参加しています．中にはこの体験が切っかけとなって将来の進路方向を決めた生徒もいます．卒業後，スタッフのメンバーに加わったり，休暇を利用して保健指導に出かけたり，国際協力の道を自分にできる範囲で実践し始めた卒業生など，タイ隊の経験がその後もそれぞれの人の中で息づいています．」

聞き取りではさらに具体的な説明があった．学校行事として位置づいてはいるものの，現地の関係者とのつながり，国内での関係施設など，学校単独で完結することなく，様々なところとつながりがあり，その上で成り立っている活動であることがわかる．活動内容そのものもそうであるが，そうした活動の展開やつながりなど，ボランティア活動の本質につながる部分を生徒に伝えている，すなわち，潜在的カリキュラムとして機能している側面が強いのではないかと考えられる．

「タイ隊は高校生対象で，希望者が参加する形になっています．参加者は15人ぐらいのことが多いですけど，最近受難続きで10名ぐらいになっています．（中略）

去年も10名，その前も10名ぐらいです．東北タイのスリンを訪問してるんですが，そこの（奨学金受給生の）子どもたちのスポンサーに各クラスが，つまり全クラスがスポンサーになっています．全クラスがスポンサーになっているので，そういう交流もあって行くんですね．で，参加者全員が大型のスーツケースを持って，学校全体から文房具だとか，子どもたちの靴だとか，バックだとか，衣類だとか，集めた物を自分の荷物とは別に，一人20キロずつ持っていきます．自分の荷物は，向こうは暑いので，軽くていいんですね．Gパンとか着たきりでいいし，Tシャツの替えと下着の替えぐらいですものね．自分で機内持ち込みの小さなバックにギューギューに詰めて．で，スーツケースは，最近すごく厳しくなってきて，20

キロしか持っていけないのですが、以前は、30キロぐらいまでだったら何とかなりました。(中略)

　持っていった物資は、私たちの学校の職員のOGとか、現場では引退してられるシスター方とかがお手伝いに行って、バザーで、向こうのお母さんや子どもたちに販売します。ただで配らないのは、何でももらえるという、そういう感覚を身につけさせたくないっていうんです。向こうの子どもたちとか、お母さんたちに、大変安い値段で売るんです。子どもの服とか、バックとか、靴とか、日本の物は、ちょっと洗いざらしてあっても、縫製や生地がしっかりしているので、すごく喜ばれるんですって。バックにしても、靴にしても、しっかりしてるでしょう。だから、多少名前が書いてあっても大丈夫っていうので、集めた物を向こうへ持っていくんですね。教職員のOGや、卒業生、シスター方が、大体10月の末ぐらいにタイに行って、バザーの値段付けとか、バザーのお手伝いをするんです。学校全体がスポンサーとして交流のある中高生、それから聖母の小学校にもお願いして、物資を集めるんですね。一昨年は、15人で行きましたので、一人20キロで、300キロかな。一人20キロとして、15個のスーツケース持ってったんですけど、持っていけない残りが段ボール箱に30個分ぐらい残りました。結局それは、バザーをしている府内の授産施設に取りに来ていただいて、そちらに回しました。面白いですね。そういう、一つのことが、いろんなところにこうね…つながっていって、いろんな人をつなげていく。この活動の、すごくそれは面白い点だと思ってます。」

　このタイ隊については、特に意識の高い生徒が集まり、精力的にタイ語や出し物の準備等をしている。事前の取り組みを通して、タイを知ると同時に、自国である日本についても深く理解することになっている。つまり、国際理解を進めると同時に自国理解も深めるという効果がもたらされているのである。

　「意識の高い子が集まってきますね。タイ語のあいさつとか、タイ語の勉

強もしていく．それから，パンフレットを作ったり，向こうでやる出し物を用意したりとか．ろう学校でやった大かるた取り大会とはタイ語と英語と日本語で読み札と取り札を作って持っていって．（中略）

　小学校では，大体，折り紙のかぶとを折ったりとか，紙風船を折ったり，鬼ごっこをしたりとか，そうやって遊んだり，ちょっとした，大きなシャボン玉をやったりとか，そういったことをこっちで用意していって．新聞紙なんかも，ないんですよね，向こうの農村地帯とか行くと．だから，日本から新聞紙を正方形に切って，トランクに詰めて持っていくとかね．日本の歌とか，英語の歌とか，そういう合唱曲．それからダンスも浴衣を着せられるようにして．できるだけ日本の文化を伝えたいと，浴衣を着て花笠音頭を踊ったりもしました．」

　必然的に，タイ隊を通してもたらされる生徒の変化も大きく，教育効果の高さを垣間見ることができる．事前学習が充実しているからこそ，現地での活動も実りあるものになり，それを振り返ることで，自分自身やそれを取り巻く周辺社会・環境にまで視野を広げて理解することにつながっている．
　また，振り返りを通して新たな課題を発見することになり，より発展的な取り組みへつなげる素地ができているのである．そして，この同じ学校にいる身近な仲間の変化を目の当たりにして，後輩は，「自分もタイ隊に参加したい」という思いを強く抱くようになり，好ましい循環・連鎖が形成されている．

「農村地帯は，割と裕福っていうか，タイの豊かな感じがありますけど，スラムに住んでる，奨学金受給生との交流活動の前には必ず家庭訪問をするんですけど，ちょっと日本では考えられないような劣悪な住環境に住んでたりするんですね．壁には穴がいっぱい開いて，床板もなくて雨の時は床がドロドロになるとか，家具もほとんどないしね．中には，小作農をやっておられて，割と裕福そうな感じで住んでおられるご家族もあるんですけど，その差が，ものすごく激しいですね．一日，日雇いに行かれて，一

日の収入が100バーツぐらいとおっしゃるんですね．100バーツっていったら，大体日本円で300円ぐらいですね．ご夫婦で600円ぐらい．そのぐらいの収入で暮らしているような家庭とかあるんですね．家庭訪問をしてそういう事に直面した生徒たちは，意識がすごい変わります．その子どもたちがまた帰ってきて，全校生の前で報告会をします．向こうで撮ってきた写真とかビデオとか見せて．言葉はつたなくっても，映像と子どもたちの言葉で感動を伝えることができる．それで，行くことができない生徒たちにも，活動を通して全校生に伝わっているのかな．」

「募集は高校生対象なんですけど，実は夏休みが始まってすぐに，中学3年生の担任の先生が，「先生，中学3年生でもぜひタイ隊に行けるように，くれぐれもよろしくお願いします」って．あの子のお母さんまた申し入れてこられましたってね．そのお母さんは毎年そう言ってこられるんですね．中学1年の時から毎年「なぜ，中学生は行けないんですか．」って言ってね．そういうことがあったりしました．（中略）

　行った子どもたちはもちろんすごく変わるんですが，行った子どもたちの話を聞く，同じクラブの下級生とか，友達だとか，家族だとか，そこに及ぼす影響も大きいですね．姉妹で学校に来ておられる家庭もたくさんあるんですが，上のお子さんが行かれたら，下のお子さんも行かれることが多いですね．何人も名前を挙げることができるんですけど，この前行かれた方は，姉妹お2人とも卒業してられるんですけど，行ってね，「変わりました」っておっしゃるんですね．「子どもがすごく変わるんですよ」って．今まではもうわがままばっかり言っていた子が帰ってきたら変わってね．そうおっしゃってくださるご家庭も多くって．」

表2-2-1にもあるように，年間を通して定期的に希望者対象のボランティア活動が企画・実施されており，全校をあげてボランティア活動に取り組む機会を持つようにしている．一部の有志だけではなく，全員でできる環境や雰囲

気を醸成することで，生徒がボランティア活動を日常生活の一部として認識しやすいようにしていることがうかがえる．

「学校は2期制になっていまして，中間考査と期末考査が年に4回あります．以前，3学期制のときは年5回あったんですが，今は年4回．テストの最終日にボランティア活動の日があります．テスト最終日に通学路清掃と老人ホーム訪問と，「パゴダの丘作業所」という授産施設の訪問と，毎回3つのボランティア活動があります．授産施設の場合は，知的障害をもっておられる方の授産施設なんですが，かなり年配の方とか，青年とか，もう壮年に近いような方もいらっしゃるところなんですが，ここは中3以上対象です．老人ホーム，通学路清掃は中学生も高校生も行けます，募集して定員になったら締め切ります．授産施設は大体6，7人ぐらいで，老人ホームが10人，通学路清掃は，これは定員なしで何人でもできますね．この3つは年4回，テスト終了後ですね．それから，街頭募金というのは，あしなが学生募金の春と秋の，土曜日と日曜日と年2回，4日間，街頭募金．これも全校に参加者を募集して，連れて行っています．」

学校行事に関することを中心に，効果的な情報提供・相談体制を整えていることもわかる．生徒のボランティア活動に関する相談にのったり，情報提供する組織・機関・人としては，宗教部の福祉（担当）が該当する．外部団体からのボランティア要請を取捨選択して生徒に呼びかけること，学校独自のボランティア活動の企画，ボランティア受け入れ先との連絡・交渉，活動後の活動報告書のとりまとめなどを主たる業務としている．タイ隊に関することを中心にコーディネーター機能を担っているわけであるが，校務分掌上にも位置付けられており，2名で担当する体制となっている．

「活動は，たくさんのボランティア活動をやりますので，交渉というか，それを生徒たちに呼びかけて，向こうにお伝えしてっていう，そういう調

整役をやっています．（中略）

　それから，そういうお便りいただいた時の掲示とか，それと，学校内のお便りに載せて，生徒たちや保護者の皆さんにお伝えするっていう仕事ですね．それから，タイ隊の活動の企画とか運営．それが一番大変ですね．以前は日本人のシスター方がタイにいらっしゃったので，ファクシミリで，割と気楽に連絡がとれたんですけど，今はタイ人のシスターがやってくださってるんですが，この方ね，英語がすごく得意で，やりとり全部英語なんですけど，私自身が英文書いてっていうのはなかなか気が重たいところがあって，そういう点で大変ですね．そうやって直前にいろんなことが起きたりすると，その対処がまたいろいろ大変ですね．そんなことをやっています．」

　生徒のボランティア活動に関する相談に関しては，表2-2-1に示したように，年度初めに活動リストを配布して，年間の流れを事前に周知している．そして，活動近くになったら改めて呼びかけをして，クラス担任経由で申し込みをするようになっている．

　情報の周知から申し込み，実際の活動までの流れが一元化されておりわかりやすくなっている．それと同時に，福祉（担当）だけではなく，クラス担任を経由することで，自身のクラスの生徒理解を深める一助にもなっている．そのような学校全体でボランティア活動を媒介とした生徒理解を進めるシステムが機能していると解釈することができる．

「相談に来る生徒もいますが，1年間にこういうボランティア活動しますっていうプリントを生徒たちに渡してあるんですが，それを見て，生徒たちは申し込みをしています．（中略）

　それで実施の2週間前ぐらいから呼びかけるんですが，呼びかけの時に校内放送をします．校内に放送して，職員室の中に用紙を貼り出しておくんです．担任の先生を通して，申し込むような形になっています．以前は

私に直接申し込むような形になっていましたが，担任が子どもの活動を把握しておく必要があるなあと思って，手間なんですが担任の先生を通して申し込ませるようにしてるんです．で，担任の先生は職員室の掲示板のところに，申し込んできた生徒の名前を書いていくんですね．定員がある活動がありますので，そこに書いてある名前が定員に達したら，「はい，締め切りました」という形です．この形にしたのは，全員が同じ場所に申し込みの名前を書いて，それに常時見てて，はい，締め切りましたとする方が公平になるからです．締め切ったら，老人ホームを締め切りましたとか，そういう形でお伝えします．（中略）

　これを受け取ったら，生徒たちに，行く前に必ず参加要項のプリントを渡します．あなたは何月何日のいつ，持ち物はこれでとか，そういう用紙を，これも担任の先生通じて渡して，わかるようにしてあります．これ，ちょうどこんな用紙ですね．こうして，活動，注意事項．生徒たちは，この半分ぐらいの大きさの活動報告書というのがありますが，それに記入して，私のところに，担任に通して返してもらっています．」

3　実践から得られる知見

　タイ隊の活動に耳目が集まりやすいかもしれないが，それを支える様々な工夫や取り組みがあるからこそ実践できていることを認識する必要がある．4月当初から年間の活動予定を周知することで，生徒がそれぞれの興味・関心やそれまでの経験に合わせた活動を計画的に展開できるようになっている．そうした配慮によって，ボランティア活動に対して過度の抵抗感を抱くことなく，日常的なものとして捉える素地ができている．

　その一方で，教科「美術」における作品製作を通して，間接的にではあるが，タイ隊の活動に関わることができるようになっている．この取り組みは，国際支援ボランティアに対して，現地に直接行かなくても，日本国内で，身近でできることもあるという意識を啓発することになっている．そうした意識があるからこそ，タイ隊の活動成果報告を聞く中で，「自分も現地で活動したい」と

いう思いを抱くに至る．そのようなケースが多数出てくることにつながっているのである．また，この成果報告の存在そのものも看過できない．タイ隊で実際に活動できる人数は限られているが，その経験や学習成果を在校生に伝えることで，学習成果の還元，経験・意識の共有化を図ることができている．それが次なる活動希望者を育て，タイ隊が学校のボランティア文化・伝統として根付いていくことになっている．

タイ隊の活動者も，自身の経験等を他者に伝えるためには，十分な時間をかけて振り返りをする必要があり，その振り返りを通してさらに理解を深めることが可能となる．そのような好循環が発生している．この成果報告も含めた振り返りが事後学習であるならば，事前学習には，現地を理解し，自分たちにできることを考え，実践することが相当する．その学習を通して，タイに対する理解を深めると同時に，自国である日本に対する理解も必要不可欠であることに気づくことになっている．国際理解のためには自国理解が重要である．そのような意識が持てるようになることもタイ隊の学習成果の一つとして捉えることができる．

最後にさらなる活動の展開に向けて，自国理解をもっと掘り下げて，地域理解を深めるという意味で，学校の周辺地域により密着した活動を行うことが必要ではないかと思われる．すでに，学校周辺の諸施設で活動を行っているのであるが，内容を概観するとやや福祉に偏っている印象がある．学校として福祉教育に力を入れているのでもっともなことであるが，ボランティア観を広げる，あるいは生徒の選択の活動分野・領域の幅を拡大するという意味で，別の視点からのアプローチがあってもよい．具体的には，学校所在地の概要で触れた「大阪ミュージアム構想」へ着目することが挙げられる．寝屋川市内（特に学校周辺）で登録されているものに焦点を当て，地域社会の伝統・文化を理解しタイ隊で蓄積してきたノウハウ等を応用する形で，それを活かした観光ボランティア等を提案・実践することも一考である．そうした試みは，タイ隊のさらなる充実化や新たな展開のための一助にもなり得るのではないかと考えられる．

第3節　部活動における実践
―佐賀県立高志館高等学校の事例―

　2009年9月18日に訪問し，JRC部顧問と聞き取り項目に基づいた半構造化面接（約60分間）を行った．なお，事前に送付した聞き取り項目一覧には，① JRC部での取り組み，② 学校行事での取り組み，③ 農業高校においてボランティア活動に取り組む意義と課題等について具体的に聞きたい旨を記した．

1　学校所在地及び学校の概要
(1) 学校所在地の概要
　現在の佐賀市は，2005年に佐賀市，諸富町，大和町，富士町，三瀬村が合併，2007年には川副町，東与賀町，久保田町が合併してできており，人口は約24万人，65歳以上人口割合20.5％である．市内には公民館27館，生涯学習センター2施設，図書館12館（分館等含む）のほか，青少年センターや青年会館，キャンプ場，エコプラザなどの学習施設がある．学校は，幼稚園45園，小学校37校，中学校24校，高等学校13校，特別支援学校5校である．

(2) 学校の概要
　佐賀市内に所在する園芸工学科，緑地土木科，食品流通科から構成される全日制専門高校である．1934年に農学校規定により開校，1948年に学制改革に伴い佐賀県立佐賀農芸高等学校と改称した．学科の新設・廃止を経ながら，1994年に国際交流科新設（2005年募集停止）に伴い現在の校名に改称された．
　学級数・生徒数は，1学年3クラス，全校で9クラス・348名である．佐賀市内の中学校出身者が約85％となっており，全体の90％以上が自転車通学をしている．
　教育目標に関して，平成21年度の重点項目の一つに特別教育活動があり，そこで「全校ボランティアを始め，地域でのボランティア活動を推進する.」

ことが示されている．この全校ボランティアについては，「学校近くの道に落ちているゴミなどを全校生徒で拾い，地域をきれいにしています．」とされ，年間行事計画（6月）に，ボランティア清掃活動として組み込まれている．また，特色ある活動として，2年次で「福祉ボランティア」が掲げられ，「近くの介護老人保健施設などへ行き，施設の清掃活動やせん定作業，施設の方とのお話などに参加します．」とされている．

2　JRC部における取り組み

　本節で取り上げるJRC部とは，「児童・生徒が赤十字の精神に基づき，世界の平和と人類の福祉に貢献できるよう，日常生活の中での実践活動を通じて，いのちと健康を大切に，地域社会や世界のために奉仕し，世界の人々との友好親善の精神を育成することを目的」[1]としており，「健康・安全」「奉仕」「国際理解・親善」を発動の柱としている．

　では，まず，その具体的な活動内容を確認することから始めることにする．

(1) 活動内容

　JRC部の主な活動状況（2008年度）は，表2-3-1の通りである．なお，表の内容説明は，聞き取り調査における発言である．

　こうした活動に取り組むに際して事前学習・事後学習を行うわけであるが，ここでは特に事後学習に着目したい．

　事後学習の一環として，ボランティア・スピリット・アワード[2]や高校生福祉大賞コンテスト[3]，SYDボランティア奨励賞[4]などへ応募をしている．この活動は，自分が体験したことを，自分だけがわかる，あるいは同一体験をした仲間内だけで特別な説明がなくても共有できるという段階から，第三者に対して，客観的な言葉で理路整然と説明する段階へ移行しようとする意図がある．この過程を経ることで，活動に対する内容理解を深めることや自分自身を見つめ直す，振り返りにつながっていくものと思われる．

表2-3-1　主な活動内容（2008年度）

月		内容
4	佐賀桜マラソン給水ボランティア	佐賀桜マラソンというのが毎年ありまして，そのときに給水ボランティアとか，水をランナーに渡すようなボランティアですね．紙コップを渡して，紙コップ，散乱したのを拾ったりとかですね．
5	保育園スポーツ大会運営補助	毎年ではないんですけど，障害者の運動会の時のお手伝いということで，道具係だったりとか，撮影係だったりとかですね，撮影をする係を手伝ったりとか，道具出すの手伝ったりとかですね，そういったのにも行って．これは，ちょっと今年はなかったんですけども，地域活性化ということで若手ミュージシャンをアーケード街に呼んで，その時のサポートをしてくれっていうので．
	白い羽根共同募金活動	
6	佐賀県「ダメ．ゼッタイ」普及活動（薬物乱用防止キャンペーン）	これも毎年してるんですけど，県の薬務課とか，そういったところと一緒に，若者が薬物に手を出さないようにっていうのを，若者の立場から呼びかけてくれないかということなので，制服を着て近くのゆめタウンとか，ジャスコとか，系列のですね，そこで呼びかけしました．
7	青少年赤十字トレーニングセンター研修	春日園って．保育園ではなくて施設なんですよ．ちょっと発達障害とかの施設の運動会のお手伝いとか．ちょっとこれは日本赤十字社のJRCの行事なので，佐賀県の佐賀支部ですね，日本赤十字佐賀支部の方でやってくれて，うちの学校のJRC部とか，ほかの学校のJRC部も集まって，老人ホームにボランティア，食事を食べさせたり，食事介助とか，車いすを押したりとかですね．
8	特別養護老人ホーム福祉体験キャンプ	近くの大和にあるシオンの園という老人ホームに，1泊2日で福祉体験と．それともう一つ，8月の上旬には，日本赤十字社主催で，JRCですね．今年，シオンの園も8人ぐらい行って，食事介助をしたり，シーツ交換をしたりですね．夜は自分たちも車いすに乗っている人の体験をして，乗っている人にびっくりさせるので，乗る側の体験とか，夜はこういった勉強会とかね．あと，8月の青少年トレーニングセンター．これ，小学校と高校が同じ日に2泊3日でですね，他校の高校とか小学生も一緒に，救急法を学んだりとか，フィールドワークの中でグループ作って勉強していったりとか．青少年赤十字の理念とか，佐賀常民が佐賀出身で佐賀県に佐野常民記念館もあるので，その話とかですね．ちょっと体の不自由な人の，目の見えない人の体験をしながらみたいなこと．
	青少年赤十字リーダーシップ・トレーニングセンター合宿	
	日本赤十字社青少年派遣事業（カンボジア訪問）・帰国報告会	
9	定例会	去年行ったのが，AEDの使い方とか，そういった"World First Aid Day"ということで，赤十字の日で救急法，災害食作りとかですね．で，その時に，その会場で献血を呼びかけるというようなことをちょっとやってみましたので．
10	ロータリークラブ主催清掃活動	あしなが学生募金で，事故とか自殺とかで親を亡くした子たちの進学資金援助ということで，街頭募金とかですね．
	定例会	
	赤い羽根共同募金活動	
11	佐賀県福祉大会参加	
	九州8県支部合同災害救助訓練参加	
	赤い羽根共同募金活動	
12	赤い羽根共同募金活動	これも一昨年だったんですけど，施設の方から要請がきて，クリスマス会をするからお手伝いをしてくれないかということで行きました．よく夏祭りのお手伝いとか，クリスマス会のお手伝いとか，運動会のお手伝いとかですね，そういったのがあった時に，全員ではないんですけど，その日行ける生徒だけちょっとですね．
	NHK海外たすけあい街頭募金活動	
	歳末助け合い募金活動	
	定例会	
1	手話講習会参加	手話講習会とかがあるので，ボランティア以外にもこういう福祉に関する知識とか，そういったものもちょっと理解するということで，その講習会もやったりとか，またもちろん救急法の講習会の参加をかけたりとかですね．
2	佐賀県血液センター見学	
3	佐賀市内清掃活動	

「体験発表に出させたりとか，活動が終わった後の感想を，毎回ではないんですけど，感想を書かせたりですね．ボランティア原稿の応募っていうのをここ数年ちょっと取り組んでて，あとでやっぱり読み返すことで，私自身も「あ，あの子この活動の時こんなこと考えてたんだ」とか，「ちょっと意外だったな」とか，そういう部分が見えてくることとかですね，生徒自身すごく，心の成長っていうのがすごく見えるんですよね．それで，今は，今年もそうなんですけども，感想を書かせたり，原稿応募，ボランティア原稿応募っていうのも出したりとかですね．（中略）

県の国際研の発表に，弁論大会ではないんですが，7分間のスピーチ県発表に出させたりとかですね．ただ，やっぱり，うちの生徒は運動部の子と違って，どうしても運動部に入らないような，どっちかというとおとなしい地味な子が多いので，人前で堂々と話せるような子ってJRCの中でそんなにいないんですね．ただ，何度もやっぱり指導していく中で，自信つけるとですね，随分，あ，この子成長したねっていう形になるので，去年もずーっと放課後残って，スピーチする練習とかはやって，堂々と発表できたんですけども．」

活動の多くに共通することとして，学校の外部機関等との関わりがあることを指摘できる．その一つに，10月のロータリークラブ主催清掃活動や農業クラブ活動にあるロータリークラブ主催「巨石パーク」植林活動など，ロータリークラブとの関連がある．

通常，ロータリークラブと高等学校のボランティア活動というとインターアクトクラブ(5)が連想されるが，ここではJRC部との連携が実現しているという面で珍しいケースである．

「大和ロータリークラブっていうのがあるので，それ大和町にあるので，年に1回ぐらい，ちょっと先生でロータリークラブの方を知ってる方がいらっしゃるので，その先生のところにロータリークラブから，今度こうい

った活動をするから，ちょっと人数が足りないから高校生も一緒に参加してくれないかっていう要請があってですね．定期的ではないんですけども，声かけがあった時には参加をしたりしてますね．（中略）

　同じ学校で，ボランティア関係で，インターアクト部と JRC 部って 2 つ作っても，ちょっと生徒は少子化で 1 学年 3 クラスしかなくて，ただでさえ非常に少ないのに分かれても困るっていう．で，どっちもやっぱりアルファベット横文字なので，何の部かわからないっていうような形なので．」

　一般的に，一つの学校の中に JRC 部とインターアクトクラブが併存することはほとんどない．そのため，両者の在り方について検討の余地があったことは事実であるが，結果として，従来からある JRC 部の伝統を尊重する形となった．ただ，JRC 部に収斂されたものの，インターアクトクラブ顧問を経験した教員が JRC 部の顧問をやっていることもあり，様々なノウハウを生かしながら，引き続きロータリークラブとの関係も大事にすることとなっている．それが，結果的に活動の幅が広がるという効果をもたらすことになった．

「JRC 部っていうのは本校すごく歴史が古いみたいなので．（中略）
　ここ来た時に，大和ロータリークラブがホスト校を持ってなかったので，うちをホスト校にしてもらって，補助金もらって，インターアクト活動をしたいのに，それできないのって話をしたこともあったんですけど，やっぱり今ずっと部活動を削減してる中で部活動名を増やすわけにもいかない．生徒が入ってる加入率が少ないからですね．「じゃあ，もう一緒にまとめて，ボランティア部ってしたらどう？」とも言ったんですけど，JRC 部っていう名前自体が歴史が古いから，その名前をつぶしてもらったら困るということだったので，ちょっと私が言って，勝手にこの部活動名をボランティア部に変えて，インターアクト部と JRC の両方というのもちょっと厳しかったので．（中略）
　JRC 部ではあるんですけど，うちはもう JRC だから日本赤十字社から

依頼ボランティアのみっていう発想ではなくてですね，地域社会に貢献ということをちょっと考えているので，全然そういったJRCではないボランティアも，前の学校にいたことのつながりでやってたようなのを持ってきて，幅広いボランティアの活動をちょっと入れて取り組んでますね.」

(2) **実践上の課題**
① 部員の確保

　JRC部を中心に活動に精力的に取り組んでいても，慢性的な部員不足が悩みの種である．1学年3クラス規模で，部活動（JRC部）に自主的に入部する生徒が少なく，部員確保に苦労しているのが実情である．

　いくら有意義な活動であっても，ある程度の人数が集まらないと効果的に展開できないこともまた否定できない．そのため，兼部を認める形で，部員確保に対応している．その兼部をする生徒はすでに様々な主たる活動に取り組んでいるわけで，それにプラスアルファしてという形である．様々なことに積極的に取り組む生徒と特に何もしない生徒といった形で，生徒の二極化の一端を垣間見ることができる．

「（部員数に関して）14人ぐらいですかね．一けたの年も結構あってですね．毎年ここ5，6年，1年生で入学式終わって，自分からJRC部に入部しますっていう子いないですよ．（中略）

　強引な勧誘．結構，ほとんどやっぱり，アルバイトをしてる子っていうのもいるじゃないですか．で，運動部の子は運動部に入るし，運動部に入らない子でも，文化部でも，芸術部だとか，書道部だとか，そういった部に入る子いるんですけど，ボランティアをするために自分からボランティア部に入るという子は，やっぱり今の若者は少なくて．そういう時間があったら，バイトでもしてお金入るよっていう感じの子がすごく多いと思うんですよね．（中略）

　やっぱりいなかったので，私が1年生の授業に出てる中で，数学の授業

なんですけど，ちょっと勧誘をしたりとか，「この日こんな活動があるんだけど」って．「老人ホーム行ったりするのは嫌」とかいう子もいるんですけどね．でも，「募金活動なら私，人数足らないんだったら手伝っていいよ」とかいう子がいるので，「じゃ，手伝って，手伝って」っていう感じで．「来てくれたら助かる．でも，JRC部に入部したくなければ全然いけん」っていう感じ．ちょっとそうやって何人かこうして．で，1回，2回それで体験をするとですね，「せっかく体験したんやけん，何も部活動なしよりも，いろんな進路のこと，就職とか進学のこと考えた時に，活動してるんだから，JRC部に入部してる形をとった方がいいんじゃない？」とか言ってですね，知らない間になんかこうJRC部員になってるみたいな感じで．（中略）

　運動部の子は誘えないし，かといって，何も部活入ってない子もみんな誘ったら来るかって，そうでないもんですから．この子だったらこういった活動に参加してくれるんじゃないかっていう子は，やっぱり生徒会の役員だったり，ほかの部活動の文化部の中の，役員だったりしてるんですよね．でも，そういう子ばっかり入れてますね．だから，ほとんどの子が掛け持ちです．」

②生徒の移動手段
　活動を進めていく上で気になるのが生徒の安全面であるが，それとも関連して，生徒の移動についても配慮が求められる．
　対象校の概要で確認したように，生徒の90％以上が自転車通学をしている関係で，日常的な活動はその通学圏域が主となる．活動場所が校外，特に遠方になる場合などは，交通手段は公共交通機関を活用することになるが，その費用は生徒の自己負担となっている．活動内容はもちろん，そこへ行って帰るまでの生徒の移動に関わる問題は看過できないものであり，トラブル回避も含めた安全教育が求められることになる．

「基本的にもう現地集合，現地解散でしてるんですよね．そうした時に，交通費の補助を学校が負担できるかっていうとできないし，無償でボランティアまで行ってもらって，おまけに土日に交通費までかけてその会場に来てもらってて，非常に生徒には申し訳なくてしょうがないんですけど．一応それでも文句を言う子はいないので．「今日どうやって来た？」って言うと，「親に送ってもらって来た」とかですね，「JR乗り継いで来た」とか．そこはやっぱり，その都度その都度違うので．1年生の時行って，2年生でも「またこの場所よ」と言ったら，「ああ，分かります」なんて言うけど，新入生の子とかはやっぱり分からなかったり．佐賀市内もうすべて分かるかっていうと，ちょっと遠く離れてる子なんか「佐賀市のここにあるよ」って言っても，場所とか分からないので．例えばいつも道路地図をコピーしてですね，行き順とか書いて，自分で，自転車で来れる範囲だったら，それを渡すとか，親に聞きなさいとか．「ちょっとどこ？」「場所分かる？」「分からない」って言うと，地図まで添えて渡さなきゃいけないというのがですね．ちょっとこの分はやっぱり基本的にしてますね．心配なものはありますね．」

生徒の安全面に関連して，特別にボランティア保険に加入するようなことはなく，学校全体で一括して加入している保険で対応している．

「一応うちは，ボランティア保険には加入はしてないですね．ちょっとそれもだいぶ検討したんですけども，大体学校安全保険には全員加入してるので，部活動中にけがをしたという場合はそれで出るので，あえてちょっといいかなと思ってですね．で，中には1泊2日，2泊3日っていう，施設っていうか，主催者側からの依頼ボランティアの場合は，名簿を送ることになって，主催者側がみんな一緒にボランティア保険に加入するという場合も，たまにですけど，ある．でも，ボランティア部はボランティア保険に加入をすることになりますという場合は，安心してですね，やれるん

ですけども．幸い今のところ，事故もなくてですね．現地集合，現地解散してるので，家に帰るまでが活動だから，そこまでちゃんと事故に遭ったりすることのないように帰ってねとは，必ず言ってるんですけど．」

③ 予算確保

　交通費とも関連してくるが，それも含めた予算の確保も大きな課題である．運動系の部活動と比較して，文化系の部活動，特に JRC 部などのボランティア系部活動は，消耗品等明確な費目で予算を計上しにくい現実がある．特に生徒に関しては，手弁当で取り組むことになる．

　そういう状況が続けば，ボランティアの活動内容そのものには興味・関心があって取り組んでみたいと思いつつも，その活動場所への移動にかかる費用がネックとなって活動できないケースも出てくるかもしれない．家庭の理解・支援がないとボランティア活動ができないという状況にもなりかねない．

　これでは，資格取得に関することは別にしても，金銭的に余裕のある人しかボランティア活動ができないという由々しき事態が生じるのではないかと思われる．格差社会の煽りが，高校生のボランティア活動にも及んでくるかもしれないことは危惧すべきである．

「部活動の活動費として 2 万 5,000 円ぐらいしかなくて．<u>ボランティアけん，別に道具いらんけん，お金使わんやろっていう発想</u>なんですよ．野球部だ，アーチェリー部だとかいう部活動になると，ボールは消耗費とかで出るので，やっぱり二けた単位の額がついてるんですけど，うちはもう最初はもっと少なくて，ちょっとそれでずっと活動を活性化して，それで，去年よりちょっと 1 万円上げてもらって，それでも 2 万 5,000 円ぐらいなんですよね．何に使うかと，やっぱり活動したら活動記録を社会福祉協議会の方に提出したりするので，結構活動写真を撮るためには，記録メディアとか，プリントアウトとか，インクとか，そういったものも結構使うので，大体その辺ですね．（中略）やっぱり 4，5 時間，街頭募金となったら暑いので，

熱中症になっても困るので，1，2時間に1回休憩入れようねとか，ジュース飲もうか，言って．小学生ぐらいだと水筒でお茶持って来たりするんですけど，高校生しないので，ちょっとそれはこっちのほうで何とかしながら．本人たちには申し訳ないけども，運動部みたいに毎月2,000円，3,000円とか，部費も取らないけども，交通費も負担．もう現地集合，現地解散で．ただ，部費は昔から取らないからっていってですね．一応，今学校の方で補助してるのは，1泊2日のシオンの園とか．さっきの老人ホームとかですね，青少年赤十字トレーニングセンター2泊3日とか，参加費が，昨年度が1人6,000円で，今年は1人4,000円かかるので，それも希望者いっぱいいるからっていうとやっぱり出せないので，3，4人ぐらいに絞ってですね．今年3人分で3×4000＝12,000，12,000円は部費の中から出したんですよ．（中略）

　ただ，救急法の講習会とかいうのは3,000円ぐらいかかるんですけど，これについては部費の余裕があるときには，1,000円とか1,500円ぐらい補助してあげて，余裕がないときには，個人の，自分の資格取得になるから，ほかの資格試験受けるときの受験者と同じように自己負担になるよって言って．受ける場合は受けてもらうとかですね．」

(3) 顧問の役割
① コーディネーターとしての役割

　校務分掌としてボランティア活動に関する相談窓口が確立されているわけではないが，活動の性質上，JRC部の顧問がその役割を担うことになっている．学校内でボランティア活動に関する相談・情報提供をする人として，JRC部顧問を含めたボランティア関連部活動の顧問がその役割を担っているケースが約3割であること，また，その役割として，第1章第2節で確認したように，情報提供（55.3％），外部機関との連絡・調整（21.9％），とりまとめ（14.8％）が比較的多いことの典型的な事例であるみることができる．

「施設とかから直接ボランティア関係の要請が，各学校のボランティア顧問様という形でリストが来たのが私のところに来るので，それを部員に『この日こんな活動があるけど，出てこれない？』って言ってですね，伝えて，で，人数集計をして，また先方の方に連絡してるという形なんですよね．特にJRC部の部員でなくてもいいものについては，各クラス担任にプリントを配って，例えば施設の1泊2日の体験っていうのであれば，別に向こうは部員じゃないといけないと言ってるわけではないので，高校卒業した後に福祉関係の大学に行きたいとか，福祉関係に就職したいっていう子もいるので，そういった子たちも積極的に，部員じゃなくても面倒を見るっていうつもりでいるので，将来福祉関係に就職したい，進学したい子は，どうぞ受けてみてくださいということで，全校生徒にそれは知らせて．」

「校内ではボランティア関係の文書が全部私の方に来るので，一応部員を呼んで，部長を呼んで部員に伝えてとか．これは例えば校内の募金活動みたいなものが，部員だけじゃなくて各クラスで，歳末助け合い募金の協力お願いしますとか，赤い羽根あるので，その時はクラスの方のボックスに，担任の先生が見れるようにしてですね．」

② 活動場所・機会の開拓・確保

　活動先の開拓・確保について，地元新聞で頻繁に報道されている影響(6)からか，地域社会においてボランティア活動が盛んな学校として認知されており，様々な情報や依頼が寄せられやすい環境にある．そうした中で行われる活動は，継続的に取り組むことにつながりやすく，生徒を送り出す教師側としても安心できる部分がある．

　また，その一方で，顧問である教師自身も多方面にアンテナを張り，情報発信・収集しているという実情もある．その際も，やはり，生徒の安全を意識して，安全面への配慮がある活動に関する情報収集であることは注目すべき点である．

「学校のボランティア活動が活性化するかどうかっていうのは，顧問の先生がそのボランティア活動に対して熱心なのか，熱心じゃないのかで随分違ってくると思うんですけども，最近ちょっと，新聞でこう載ったりすることも多いので，意外と高志館高校のボランティアは結構積極的だから，あそこに頼んだらいいよとか，なんかそういった感じでですね，外から高志館高校なんか一生懸命ボランティアしてるって聞いたからみたいな感じで連絡がある場合もあるんです．施設とか，そういったはっきりしてるところはですね，私たちも安心できますし，例えばこないだの佐賀桜マラソン給水ボランティアとかも，佐賀新聞社主催とかで『給水ボランティア募集』とか小さく載ってたので，それを見て私の方で「学生ボランティアでもいいですか」ということで電話をしたんですね．大きな組織は比較的安心できるので，開拓というより，あ，これはいいなって．」

3　実践から得られる知見

　本節では，JRC 部に着目して，その活動実態等を具体的に考察してきた．その中で，地域社会に根差した活動を展開することで活動を安定的・継続的に行うことが可能となっていることが明らかになった．

　ただ，生徒の取り組みへの姿勢として，全般的に受動的なスタンスであるという印象を拭いきれない．生徒自身が課題意識を持って地域課題に能動的に取り組むことができれば，その実践にはさらなる広がりや深まりが生まれるものと思われる．また，その過程で，活動範囲が学校所在地周辺地域から拡大することも考えられる．そうした場合には，JRC 部単独で取り組むよりも，近隣の学校のJRC 部等と連携・協力することも必要となるであろう．そうした連携・協力が円滑に進むようにするためにも，常日頃から顧問教師レベル，生徒レベルで情報交換をするなど，日常的な交流を進めておくことも不可欠である．

　それに関連して，JRC 部や本稿で少し触れたインターアクトクラブなど，近隣の学校のボランティア関連部活動の活動状況等の実態把握とネットワーク形成をすることが今後の重要な課題となると思われる．JRC 部やインターアク

トクラブ，その他のボランティア関連部活動の共通性や各々の独自性を明らかにすることで，先駆的・創造的な活動の手がかりを得ることが可能になる．また，情報の蓄積・共有化を図ることで，個々の部活動の顧問教師に過度の負担を強いることなく，効率的な実践が展開され得るであろう．

【注記・引用文献】
（1）http://www.jrc.or.jp/youth/about/index.html　2010年10月29日閲覧
（2）ボランティア・スピリット・アワードとは，アメリカ最大級の金融サービス機関プルデンシャル・ファイナンシャルが1995年から開始した青少年（12歳～18歳）を対象としたボランティアを支援する制度で，アメリカ，日本，韓国，台湾，アイルランドで開催されている．「この賞は，活動に対して優劣をつけるためのものではなく，賞を通してボランティア活動について情報交換できる場を提供し，ボランティアに気軽に自然に取り組めるような社会環境を創ること」が目的とされている．
http://www.vspirit.jp/about/02.html　2010年11月12日閲覧
（3）高校生福祉大賞コンテストとは，長崎ウエスレヤン大学が主催するもので，「自由な発想で，高校生の福祉に対する想いをいろんな形で表現してもらうコンテストになっています．グループ発表もあり，プレゼンもあり，身体を使って思いっきり表現する方法もあり，もちろん個人のスピーチもあり」というものである．
http://www.wesleyan.ac.jp/edu/faculty/social/blog/item/946　2010年11月12日閲覧
（4）SYDボランティア奨励賞とは，「ボランティア活動の分野において画期的な新機軸を拓いたり，優れた活動により著しい業績をあげたグループ・団体を顕彰することによって，青少年のボランティア精神の涵養と活動の活性化を図り，青少年の健全育成に資するもので，最高賞は文部科学大臣賞．」とされる．
http://www.syd.or.jp/volunteerprize.html　2010年11月12日閲覧
（5）インターアクトクラブとは，国際ロータリーが提唱する世界的な組織で，国際交流活動と社会奉仕活動を柱としている．詳しくは，以下を参照されたい．
林幸克「インターアクトクラブに関する基礎的研究―愛知県におけるインターアクトクラブ協議会と名古屋インターアクトクラブの事例―」『名古屋学院大学論集社会科学篇』46-3，2010年，pp. 85-99．
（6）佐賀県立高志館高等学校「新聞で見るこの1年」2009年

第3章 ボランティア活動の単位認定

第1節 データでみる現状

　本節では，ボランティア活動の成果を評価するという観点から高等学校におけるボランティア活動（学校外で行われるもの）の単位認定に焦点を当て，その実施状況や認定基準，具体的な取り組みや認定する上での課題など，単位認定を取り巻く現状と課題を実証的に明らかにすることを試みる．

1　単位認定に関わる政策動向と先行研究のレヴュー
(1) 単位認定に関わる政策動向

　高等学校における単位認定の議論については，中央教育審議会答申「後期中等教育の拡充整備について」(1966年) にまで遡ることができる．そこでは，高等学校の単位認定について，「後期中等教育機関の拡充に伴い，各種の教育訓練機関における学習の成果を一定の条件のもとに高等学校の単位として認定する道を開くことは，とくに複雑な事情のもとに学習しなければならない勤労青少年の向学心を高め，その学習の成果を学校教育制度の上で正当に評価できる効果がある．」として，単位認定の効果が指摘されている．

　その後，1991年に発足した文部省「高等学校教育の改革の推進に関する会議」の第一次報告 (1992年) では，技能審査の成果の単位認定について，「技能審査のうち，内容及び程度が高等学校学習指導要領に適合しているものについては，その技能審査に合格し資格を取得した場合には，その成果を当該技能審査とのかかわりの深い高等学校の教科・科目の増加単位として認める．」と

した．技能審査に関して，合格や資格取得といった客観的な評価・判断基準をもとに，教科・科目の単位として認める姿勢が示された．

今日では，学校外における学修の単位認定に関して，文部科学省は，「高等学校の生徒の能力・適性，興味・関心等の多様化の実態を踏まえ，生徒の在学する高等学校での学習の成果に加えて，在学する高等学校以外の場における体験的な活動等の成果をより幅広く評価できるようにすることにより，高等学校教育の一層の充実を図ることを目的として，各学校長の判断によって，高等学校の単位として認定することが可能となっています．」[1]としている．

その考え方の下で，具体的には，1993年度から，他の高等学校・専修学校における学修の成果や技能審査の成果について単位認定が可能となり，1998年度からは，大学・高等専門学校・専門学校・社会教育施設などにおける学修の成果，ボランティア活動や就業体験，スポーツ，文化に関する分野における活動に係る学修の成果も単位認定が可能となった．また，認定する単位数に関しては，2005年度から上限が20単位から36単位に拡大され，単位認定の動きが定着・拡大しつつあることがうかがえる．

ボランティア活動に特化してみると，学校教育法施行規則第98条第3号（1998年文部省告示）において，「校長は，教育上有益と認めるときは，当該校長の定めるところにより，生徒が行う次に掲げる学修を当該生徒の在学する高等学校における科目の履修とみなし，当該科目の単位を与えることができる．」とされ，「ボランティア活動その他の継続的に行われる活動（当該生徒の在学する高等学校の教育活動として行われたものを除く．）に係る学修で文部科学大臣が別に定めるもの」が単位認定されることになった．

また，中央教育審議会答申「青少年の奉仕活動・体験活動の推進方策等について」（2002年）において，「自発的なボランティア活動等の高校における単位認定など，活動の適切な評価などに配慮して取り組む必要がある．」とされていることからも，その重要性が認識されるようになっていることがわかる．

こうした経緯の中で，今日では文部科学省の調査から，ボランティア活動等に係る学修の単位認定実施学校数（割合）が増加傾向にあること明らかになっ

表3-1-1 ボランティア活動等に係る学修の単位認定実施学校数

年度	平成10	平成11	平成12	平成13	平成14	平成15	平成16	平成17	平成18	平成21
全学校数	5493	5481	5478	5479	5472	5450	5429	5418	5385	5183
単位認定実施学校数	20	57	86	131	206	310	431	472	504	504
単位認定実施学校数の割合（％）	0.4	1.0	1.6	2.4	3.8	5.7	7.9	8.7	9.4	9.7

ている[2]．

(2) 先行研究のレヴュー

ここでは，高等学校における単位認定を中心に，大学等も含めて，単位認定に関する研究成果を確認する．

高等学校について，「大学教育との望ましい関係を形成する制度的な改善を求めて，各府県教育委員会に学校外学修の単位認定制度に関するガイドライン（基準）の制定を促し，大学教授の出張講義や大学での学修，海外教育施設での学修を単位認定する制度的な改善を試み，その成果を検証した実践研究」[3]がある．学校設定教科・科目に関しては，その設定要請の背景には学校外における学修の単位認定の広がりがあること，また，その運用実態について，教育課程上の役割から，学校外における学修の単位認定のために設定するタイプ（ボランティアなどの単位認定のための科目）があることを明らかにした研究[4]がある．あるいは，より具体的に，朝の自主学習を時間割上に定着させるための単位認定化を検討したもの[5]や高大連携に関連して大学における学修の単位認定の在り方を考察した論考[6]もある．

大学に着目すると，大学の授業でボランティアを課すことに関して，社会教育施設等で子どもや施設の専門職員と関わることなどから大学生の成長を検証した論考[7]や大学教育の目標達成との関連で社会教育事業を捉えて教員養成の視点に立った事業評価と単位認定を実証的に検討したもの[8]，教員対象

の調査から大学院への特別選抜制度，パートタイムでの履修と単位認定の科目などの履修制度，夜間や週末の授業を組み合わせた新しい大学院の形態を考察した研究[9]などがある．また，高等教育修了後を視野に入れて，伝統的な教育機関による教育課程とは別に，個人の以前の学習や職場や仕事での経験学習，自主学習の成果を試験によって単位認定する制度開発の可能性に言及した知見[10]もある．

　管見のかぎり，単位認定を主題とした研究成果の蓄積は潤沢であるとは言えないのが現状である．学校教育の中でも高等教育，あるいは社会教育に関連した単位認定については，1990年代前半から研究成果が報告されているが，高等学校に関しては，学校外のボランティア活動等についてその成果を認め，単位認定する動きは1990年代後半になってからということもあり，その蓄積は決して多くないというのが実情である．しかしながら，文部科学省の調査（表3-1-1参照）でみたように，単位認定する学校が増加傾向にあることを勘案すると，それを対象とした研究は，質的にも量的にも成果報告が待たれるこれからの分野である．

2　結　果
(1) ボランティア活動の単位認定の現状

　全体としては，「認定している」が8.1％，「認定していない」が91.9％となり，認定している学校は10％に満たない状況にあった．設置形態に着目すると，「認定している」について，「市区町村立」と「私立」は5％に満たないが，「都道府県立」は9.6％で10％近かった．課程別では，「定時制」（21.7％），「通信制」（12.9％），「全日制」（7.4％）の順で「認定している」割合が多くなっており，「定時制」で20％を超える学校が単位認定しているのが特徴的であった．学校タイプに関して有意差は認められなかったが，「進路多様校」で「認定している」割合が少ない傾向にあった．

　以下では，「認定している」場合の具体的な内容について聞いた結果を整理する．なお，「認定している」学校数（割合）そのものが少ないため，全体の

結果のみを提示する．

① 単位認定を始めた時期

「平成18年」(19.2％)，「平成19年」(17.5％)が多く，この2年で35％以上の学校が単位認定を始めていること，「平成14年」から「平成17年」まで各年とも10％を超えており，この間で40％を超える学校が始めていることが明らかになった．見方を変えれば，「平成13年」以前から始めた学校は少なく，制度化された「平成10年」から「平成13年」までの4年間では13％に留まっていることが示された．

② 平成19年度に単位認定した生徒数

本研究の質問紙調査を行った前年度である平成19年度の状況について，具体的な人数の記述を求めた．それを9つにカテゴリー化したところ，「0人」

表3-1-2　ボランティア活動の単位認定　　　　　　　　　　　　　　　　単位：％

		認定している	認定していない	検定結果
設置形態	都道府県立　n=1070	9.6	90.4	**
	市区町村立　n=69	4.3	95.7	
	私立　n=393	4.3	95.7	
課　程	全日制　n=1450	7.4	92.6	**
	定時制　n=60	21.7	78.3	
	通信制　n=31	12.9	87.1	
学校タイプ	普通校　n=926	8.3	91.7	n.s.
	専門校　n=359	8.6	91.4	
	進路多様校　n=261	6.5	93.5	
	全体　n=1547	8.1	91.9	

**p<.01

表3-1-3　単位認定を始めた時期　　　　　　　　　　　　　上段：学校数，下段：％

平成4年	平成9年	平成10年	平成11年	平成12年	平成13年	平成14年	平成15年
1 (0.8)	1 (0.8)	1 (0.8)	1 (0.8)	8 (6.7)	6 (5.0)	14 (11.7)	12 (10.0)
平成16年	平成17年	平成18年	平成19年	平成20年	小計	無回答	合計
13 (10.8)	12 (10.0)	23 (19.2)	21 (17.5)	7 (5.8)	120 (100.0)	5	125

(31.9％) が最も多く，以下，「1～9人」(31.1％)，「10～19人」(10.9％)，「20～29人」(6.7％) であった．この結果から，制度として単位認定を行う体制は整備されているものの，そのうちの30％以上の学校では該当者がいない状況であること，また，同じく30％以上の学校で認定者数が一桁に留まっていることがわかった．その一方で，100人以上認定している学校が7.6％あった．

③ 生徒一人について認定した単位数

実際に認定した単位数をみると，「1単位」(85.8％)，「2単位」(12.3％)，「3単位」(1.9％) で，80％以上の学校は「1単位」の認定であった．また，認定単位数に幅がある場合では，「1～2単位」(57.9％)，「2～3単位」(31.6％)，「4単位以上」(10.5％) という結果であった．

④ 単位認定の基準となる学修・活動時間

「35時間」が73.5％で最も多く，以下，「1～34時間」(15.4％)，「36時間以上」(11.1％) であった．各教科や特別活動，総合的な学習の時間が，原則とし

表 3-1-4　平成19年度に単位認定した生徒数　　　　　　　上段：学校数，下段：％

0人	1～9人	10～19人	20～29人	30～39人	40～99人
38 (31.9)	37 (31.1)	13 (10.9)	8 (6.7)	7 (5.9)	7 (5.9)
100～199人	200～299人	300人以上	小計	無回答	合計
3 (2.5)	4 (3.4)	2 (1.7)	119 (100.0)	6	125

表 3-1-5　生徒一人について認定した単位数　　　　　　　上段：学校数，下段：％

1単位	2単位	3単位	小計	無回答	合計
91 (85.8)	13 (12.3)	2 (1.9)	106 (100.0)	19	125

表 3-1-6　生徒一人について認定した単位数の幅　　　　　上段：学校数，下段：％

1～2単位	2～3単位	4単位以上	小計	無回答	合計
22 (57.9)	12 (31.6)	4 (10.5)	38 (100.0)	87	125

て35単位時間で1単位を認定しているのと同様，70％以上の学校は「35時間」を基準に単位認定していることが示された．

⑤ 生徒が活動した場所

複数回答で生徒が活動した場所を聞いたところ，「高齢者施設」(55.2％) が最も多く，以下，「保育所」(34.4％)，「障害者施設」(34.4％)，「幼稚園」(24.8％)，「社会福祉協議会」(24.8％)，「特別支援学校」(21.6％) が比較的多かった．このことから，社会福祉に関する施設を主たる活動場所にしていること，幼稚園や保育所，児童館，小・中学校といった年少の子どもがいる施設での活動が多いことがわかった．その一方で，役所・役場や郵便局などの公的機関・施設

表3-1-7 単位認定の基準となる学修・活動時間　　　上段：学校数，下段：％

1～34時間	35時間	36時間以上	小計	無回答	合計
18 (15.4)	86 (73.5)	13 (11.1)	117 (100.0)	8	125

表3-1-8 生徒が活動した場所（複数回答）　n＝125　　上段：学校数，下段：％

幼稚園	保育所	児童館	小学校	中学校	特別支援学校
31 (24.8)	43 (34.4)	18 (14.4)	17 (13.6)	5 (4.0)	27 (21.6)
高齢者施設	障害者施設	病院	郵便局	役所・役場	社会福祉協議会
69 (55.2)	43 (34.4)	12 (9.6)	0 (0.0)	5 (4.0)	31 (24.8)
図書館	公民館	博物館	体育館	青少年施設	その他
4 (3.2)	9 (7.2)	4 (3.2)	4 (3.2)	15 (12.0)	33 (26.4)

表3-1-9 生徒が活動した場所（その他の内訳）　n＝33　　上段：学校数，下段：％

学校周辺地域	地域のイベント会場	NPO・NGO	観光施設	災害現場	子ども自然体験村	市民プール
12 (36.4)	9 (27.3)	4 (12.1)	2 (6.1)	2 (6.1)	1 (3.0)	1 (3.0)

や，そこにも含まれるが図書館，公民館，博物館といった社会教育施設での活動は少なかった．なお，「その他」(26.4%)の具体的な内容をみると，「学校周辺地域」や「地域のイベント会場」といった回答が多かった．

(2) ボランティア活動の単位認定の予定

単位を「認定していない」と回答した学校の今後の単位認定の予定に関して，予定が「ある」が1.9%，「ない」が98.1%という結果であった．このことから，単位認定の現状と合わせて考えると，90%以上の学校は単位認定しておらず，そのほとんどは今後も認定する予定がないという見解であることが明らかになった．属性に関して，設置形態と学校タイプによる顕著な差異は認められなかった．課程に着目すると，予定が「ある」という回答に関して，「通信制」が18.5%，「定時制」が6.7%，「全日制」が1.4%となっており，「通信制」で単位認定の意向が強いことがわかった．

表3-1-10　ボランティア活動の単位認定の予定　　　　　　　　　　　　単位：%

		ある	ない	検定結果
設置形態	都道府県立　n=950	1.9	98.1	n.s.
	市区町村立　n=64	1.6	98.4	
	私立　n=369	1.9	98.1	
課　程	全日制　n=1318	1.4	98.6	**
	定時制　n=45	6.7	93.3	
	通信制　n=27	18.5	81.5	
学校タイプ	普通校　n=831	1.9	98.1	n.s.
	専門校　n=324	1.5	98.5	
	進路多様校　n=240	2.5	97.5	
全体　n=1396		1.9	98.1	

**p<.01

3　考　察

(1) 単位認定制度の在り方とボランティア活動の捉え方

政策動向で確認したように，単位認定制度は，生徒の能力や適性，興味・関

心等の多様化を認め，それが反映される学校外での活動を評価することに主眼が置かれている．それが単位認定をする学校の増加という形で表れているものの，単位認定制度があっても，実際に単位認定される生徒がきわめて少ないことが明らかになった．その要因を「学校外でボランティア活動をしている生徒が少ないから単位認定できない」とするのは早計であると思われる．15～19歳のボランティア活動の行動者率が23.0%であること[11]や4月から夏休みにかけての高校2年生のボランティア活動に関して，「年下の子どもに勉強やスポーツなどを教えたり，子どもと遊んだこと」（「何度もした」15.4%，「少しした」34.2%），「地域のお祭りや行事に協力したこと」（同9.7%，26.8%）という調査結果[12]などをみると，ボランティア活動をしている高校生像が浮かんでくる．

その要因の一つは，単位認定制度の在り方にあると思われる．学校側の制度である以上，学校組織として制度活用のための支援体制ができているか否かを検討する必要がある．教師が生徒の学校外の活動状況を詳細に掌握するには，教師と生徒の人間関係が良好で信頼関係が構築されており，コミュニケーションがとれていなくてはならない．前述した昨今の生徒の活動状況を鑑みると，単位認定制度に関わる校務分掌内の位置づけを明確にし，生徒に対するオリエンテーションなどを充実・徹底させ，制度の認知度を高めることができれば，認定対象となる潜在的な生徒数は決して少なくないと思われる．これらのことを勘案すると，単位認定制度の運用の在り方を吟味することが求められる．

また，別の要因として，単位として認定されるボランティア活動の在り方があると考えられる．学校教育の一環として行うボランティア活動は学習の意味合いが含まれるボランティア学習であり，単位認定されるボランティア活動は，学校教育法施行規則第98条第3号にあるような継続性やボランティア活動の基本理念（自発性や無償性，公共性，先駆性など）に則ったものであり，ボランティア学習とは異なる部分がある．このボランティア活動の捉え方も，単位の認定状況に影響を与えているものと思われる．

(2) 活動内容の偏り

　社会福祉施設や子ども関連施設での活動が相対的に多く，活動場所が限定的になっていることが示された．生徒が，学校や教師などの影響を一切受けずに学校外のボランティア活動に取り組むことは少なく，教育課程の中でボランティア活動についての学習や実践があり，それがベースになって学校外で活動するケースが出てくるものと考えられる．そのため，教育課程におけるボランティア活動の位置づけ方を検討する必要がある．

　ボランティア観に広がりを見せるようになってきた今日であるが，それでも限定的に捉える傾向があることも否めない．15～19歳のボランティア経験についても，「自然・環境保護に関する活動」(26.0%)，「社会福祉に関する活動」(18.7%)，「募金活動，チャリティーバザー」(16.0%) が上位である[13]．生徒が柔軟なボランティア観を持つことができれば，活動の分野・領域は多種・多様に広がり，継続的な活動にもつながるはずである．そのためには，教師のボランティア観も柔軟にすることが望まれる．学校におけるボランティア学習，すなわちボランティアに関わる理論的学習や実践的活動について，その在り方を再考する必要があると思われる．効果的なボランティア学習が展開されることで生徒の活動の幅が広がり，深みも出るようになる．また，その結果として，単位認定できる生徒数の増加にもつながるものと考えられる．

【注記・引用文献】

（1）http://www.mext.go.jp/a_menu/shotou/kaikaku/1247229.htm （2010年11月15日閲覧）

（2）表3-1-1は，文部科学省「平成19年度版　高等学校教育の改革に関する推進状況」の「ボランティア活動等に係る学修の単位認定」及び「高等学校教育の改革に関する推進状況について」（平成22年11月5日）の「ボランティア活動等に係る学修の単位認定制度の活用状況」より筆者が算出・作成した．なお，全学校数は学校基本調査に拠るものである．また，「ボランティア活動等」とは，ボランティア活動，就業体験，スポーツ・文化に類する活動を合わせたものである．ボランティア活動に限定すると，単位認定実施学校数（割合）は，平成17年度250校（4.6%），平成18年度277校（5.1%）である．

（3）高校教育改革研究会編「高校の学校外における学修の単位認定拡大の実践的

調査研究：大学等との連携による学修機会を中心に」2000 年
（4）工藤文三（代表）「高等学校にける学校設定教科・科目の開発・運用実態に関する調査研究」（科学研究費補助金　萌芽研究　課題番号 14658075, 2002～2004 年）
（5）木内隆生「高等学校における継続的指導の効果に関する研究―毎朝 10 分間の自主学習を 3 年間追跡して―」『九州女子大学紀要』第 45 巻 1 号, 2008 年, pp.59-70.
（6）勝野頼彦『高大連携とは何か―高校教育から見た現状・課題・展望―』学事出版, 2004 年
（7）畑克明（代表）「大学生のボランティア学習の評価に関する実証的研究」（科学研究費補助金　萌芽研究　課題番号 13871036, 2001～2003 年）
（8）清國祐二「社会教育事業の大学における単位認定に関する序論的研究」（科学研究費補助金　奨励研究(A)　課題番号 07710189, 1995 年）
（9）成田滋・古川雅文・長瀬久明・別惣淳二・原田幸俊「播但地区における現職教員の夜間・週末遠隔出張授業へのニーズに関する調査」『メディア教育研究』第 4 号, 2000 年, pp. 37-47.
（10）金子忠史（代表）「経験学習の学術的な単位認定制度開発に関する基礎研究～生涯学習化社会を目指して～」（科学研究費補助金　一般研究(C)　課題番号 04801034, 1992～1993 年）
（11）総務省「平成 18 年社会生活基本調査」2008 年
（12）独立行政法人国立オリンピック記念青少年総合センター『「青少年の自然体験活動等に関する実態調査」報告書　平成 16 年度調査』2005 年
（13）内閣府大臣官房政府広報室「生涯学習に関する世論調査」2005 年

　本節は、林幸克「高等学校におけるボランティア活動の単位認定に関する研究」『岐阜大学教育学部研究報告（人文科学）』第 59 巻第 2 号, 2011 年, pp. 243-250 をもとに加筆・修正したものである．

第 2 節　実践の検証①
―岡山県私立倉敷翠松高等学校の事例―

　2009 年 9 月 7 日に訪問し、福祉コース主任と聞き取り項目に基づいた半構造化面接（約 60 分間）を行った。なお、事前に送付した聞き取り項目一覧には、①ボランティア活動の単位認定を行う意義と課題、②教科・科目での取り組み、③ホームルーム活動での取り組み、④学校行事での取り組み、⑤生徒会活動

での取り組み，⑥部活動での取り組み，⑦総務部ボランティア推進係・担当による支援などについて具体的に聞きたい旨を記した．

1　学校所在地及び学校の概要
(1) 学校所在地の概要
　現在の倉敷市は，1967 年に倉敷・児島・玉島の旧 3 市が合併してできた．その後も近隣自治体の編入があり，人口約 48 万人，65 歳以上人口割合 19.0％である．市内には，幼稚園 72 園，小学校 64 校，中学校 28 校，高等学校 20 校，特別支援学校 1 校がある．社会教育施設では，市立公民館 28 館，市立図書館（室）6 館（1 室），市立自然史博物館，市立美術館，ライフパーク倉敷（市民学習センターや埋蔵文化財センター等が入っている複合施設），少年自然の家などがある．

(2) 学校の概要
　学校組織図の教務部の中にボランティア推進係が明記されており，学校案内には次のように記されている．

　「ボランティア活動を正式な単位として認めています．倉敷翠松高校は，全員が茶道人です．お茶を学ぶことでお互いを思いやる心を育てます．これをさらに進める意味で，平成 16 年度からボランティア単位認定制度を始めました．たくさんの生徒が土日や夏休みなどに，高齢者・障害者福祉施設や保育園・幼稚園などでボランティア活動を行なっています．これらの活動を翠松高校では正式な単位として認め，積極的に支援しています．ボランティア活動は，高校生活を充実したものにするとともに，自分自身の成長にも役立ちます．あなたも翠松高校でボランティア活動に参加しましょう．」

　　（2009 年度版学校案内）

クラス・生徒数は，14クラス・895名で，出身地区は倉敷市が75％を超えており，通学方法では，自転車通学が55％を超える．

2　ボランティア活動の単位認定の概略

2004年度から単位認定を始めており，認定単位数は1～2単位で，単位認定の基準となる学修・活動時間は35時間である．生徒の活動場所は，特別支援学校や高齢者施設，障害者施設などである．1970年から茶道裏千家の支援のもとに「茶道教育」を正課に取り入れて授業を開始していることもあり，茶道とボランティアを関連づけて捉えている側面がある．

2004年3月20日付で入学生・保護者に配布された「学校外における学修の単位認定制度について」には，次の記述がある．

「本年度より，放課後や土・日・祝祭日・長期休業等を活用した施設及び地域活動のボランティア体験への参加を積極的に推進し，一定の基準を満たせば単位として認定する制度を取り入れます．本校では，茶道を学ぶことによって，他人を侮ることなく，思いやりある人間教育を実践するというのが目的なので，ボランティアも単位認定ある・なしにかかわらず，他人を思いやるという意味で推進しております．これを更にすすめる意味においてボランティア単位認定制度を導入しました．」

ただ，制度導入に際して，学校内での様々な議論を経ながら校内の教職員間の共通理解を図り，制度を開始するまでになった．単位認定に関しては，教科「家庭」・科目「ボランティア」を認定に対応する教科・科目として設定することになり，現在に至っている．

「いろんな学校に教えていただきまして，それで，文科省等にも教えていただいて，インターネット等でも調べたりして，何回も職員会議で案を出して，教務とも連絡を取りながら．ということで収まったのが，とりあえ

ず家庭科で「ボランティア」という科目名でということで収まったんです．（中略）
　教職員ですか．そうですね．ボランティアも，学校の中でお掃除をして単位認定もいいんじゃないかいうような意見があったんですけど，それは単なる掃除であって，評価とかね，もんで単位認定するもんじゃないいうようなことを，はい，お話しさせてもらって…．」

(1) 単位認定の現況

　経年変化をみると，2004年度16人，2005年度該当者なし，2006年度11人，2007年度3人，2008年度10人であり，年度によって増減が激しいことがわかる．
　もともと女子高であった影響もあってか，在学生徒の男女比は1：2程度で，単位認定される生徒も女子が多い．また，学年では，1年生が圧倒的に多い．さらに詳しい実情としては，看護科の生徒が中心であること，それから，学校の実習としては受け入れてもらうことができても，ボランティアとしては受け入れに難色を示されるケースもあることが述べられている．

「看護科の生徒であれば，実習もあるんですけれども，それ以外にボランティアでもしたいとか，あるいは福祉コースの子は実習にも1・2・3年と出るんですけれども，それ以外にしたいとか，あるいは，保育の方行きたい子は保育園に行ったりとか．ただ，保育園が非常に難色を示されるんです．短大とかの大学生の養成課程の実習は引き受けるんですけれども，いろいろO-157とかの伝染病とか，いろいろありますから．（中略）
　ですので，実習は受け入れるんですけど，ボランティアまではちょっとって言われます．だから，特別，そこの出身の生徒で，行きたいって言って，よくご存知の先生がおられたら，私立なんかのね，『いいですよ』言われるとこもあるんだけど，幼稚園，それから保育園は，検便検査をして証明をもらってきてからで，ややこしいんです．いろいろ，難色示されて．

ですので，なるべく子どもに関するところ行きたいっていう場合は，学童保育，ね，あるいは，地域の何活動ですかね，子ども会とか…．それから知的障害者の夏のプール等ですね．いろんな子が多岐にわたってるんですけど．」

「幼児施設で，保育園とか，幼稚園へ行きたいいう子がいるんですけど，それをちょっと断られるのがつらいところですね．だから，「実習だったらお引き受けしますけど，ボランティアまではもうちょっと」いう感じ．「来られるんだったら検便」．検便の検査もまた高いんですよね．それからまた，わざわざ行かないといけないですね．それで，証明書が下りるまでに２，３週間かかりますしね．そこまでして行こういう気がなかなかね．実習だったらともかく，予防接種だってしますけどね．ボランティアでそこまで．していった子もいますけど，最初，16（2004）年度の頃には．」

単位認定を受けるための登録はするものの，活動途中で挫折して，単位認定までたどり着くことができない生徒がいるという事実もある．個々に生徒と綿密に連絡を取りながら活動支援することが求められている．しかしながら，生徒の活動は，自主的・自発的に取り組むプラスアルファの活動という位置づけであるため，教師が個別に生徒を呼び出して指導等するスタイルはなじみにくい側面があり，苦慮するところであると考えられる．

「こういうふうに15人登録してても，最終的に単位認定したのは10名ということで．あと，申し込みを私，説明したが，以後，実施してないとか，なんかいろんな理由があって．実施したが，手続き記入しないって．なかなか「やろう」言って，こっちも連絡取って，「じゃ，お願いします」って言って，２，３回行ってもう中断してしまう子やら．意気込みはあったけど，何か知らないけども，遠ざかって，呼んでも来ないし，担任通じて連絡しても来ないっていうことで．（中略）

プラスアルファの子たちだから．授業だったらね，あれだけど，したい子がするいうことで．で，いろんな，担任，「家庭科」の先生，みんな見ていただいて，最後の認定会議でこの一覧表出して認定証もらうんです．」

(2) 活動内容

ボランティア活動先に関して，大きく4つの学修内容に分類される．施設ボランティア（学校提携，各自在住地区），地域活動ボランティア（学校提携，各自在住地区），この4つであり，活動例としては，老人福祉施設での介護体験や各種行事への参加，障害児キャンプでの介助，土休利用の幼児遊びサークルお手伝いスタッフなどである（表3-2-1）．

「学校に，土日が休みで，土曜日をPTAが主催で何とか公園で遊びをしてるから，そのお手伝いをしてほしいいうような依頼があるところは，学校が斡旋してるんですけど．あるいは，玉野の海の学習みたいな，そういった何かしゃか，どういうんですかね，少年自然の家みたいな部類ですね．そこの先生が，自然体験みたいなのを休みごとに開くから来てほしいというようなのもあるんですけど，そういうのを応募して，もし行くんであれば単位認定できるよって言うんですけど，基本は自分が計画を立てて行きたいところへ行くということ．で，知ってるところであれば，もう依頼書が要らないって言えばほっとくんですけど，「行きたいんだけど」って相談があれば，こちらから電話して，こういう趣旨だいうことでご協力をい

表3-2-1　施設及び地域活動のボランティア体験参加による単位認定

学修の内容	対応教科・科目		認定単位	活動時間
	教科	科目		
施設ボランティア（学校提携）	家庭	ボランティア	2	35単位時間を1単位とする
施設ボランティア（各自在住地区）				
地域活動ボランティア（学校提携）				
地域活動ボランティア（各自在住地区）				

ただいて，行けるようになってるので．基本は自分が目的を持ってするのが単位認定だいうこと，はい．単位認定はですね．普通のボランティアは違うんですけど．」

(3) 単位認定の手続き

単位認定制度についての周知は1年生を対象に，入学前の3月に文書で，直接的には4月当初に行っている．また，日常的な情報提供として，学内の掲示板を活用している．

なお，2・3年生に対しては，相談があれば随時対応する形で，特に全体に対して直接的な情報提供等は行っていない状況である．

「ボランティアに対しては単位認定とか，こういったボランティアがあるよいうことは，1年生入学当初のガイダンスで，学校のルールとか説明しますよね．遅刻をしたらこういうふうに許可を取るとか，高校は中学と違って単位を取らないと上がれないとか，赤点もあればね．欠席多くても留年になるとかいうような説明をするときに，私が行って，ボランティアの時間があるんです．で，ボランティアの単位認定についても，簡単に書いたことを説明させてもらって，で，勧めてます．（中略）

それから，廊下に掲示板を設けた，ボランティアの．（中略）

そこを見なさいということで．で，実際にした子の感想とか発表とかいうことで．ホームルームで特に生徒にお願いしていることはしてないんですけど．（中略）

で，毎月，何個かのボランティアの依頼が来るんですけど，それはもう印刷して，「何日までに希望者は来なさい」っていうことで．」

こうした活動先に関して，所定の記録用紙への記入，活動希望先との交渉など，活動に至るまでの一連の活動・作業を基本的には生徒自身が自ら行い，活動先の確認も得て，「ボランティア単位認定申請書」を記入・提出し，単位認

定を受けるという流れとなっている．

「ボランティア活動をすることによって単位認定してるんですけど，ただ『したい』いうだけじゃいけないので，カルテを作って，指導の経過をずーっと記録していって．それで，最初に申し込み用紙書かして，で，向こうとコンタクト取ってOKが出たら，向こうへ実際に行って，計画を相談しながら立てさして，計画書を出させて．それから，ボランティア手帳を渡して，書いてきなさいいうことで，本人が行って，こういったことを学んだ，何時から何時までしたいうことで，向こうの人に印鑑押してもらって，私が次の日に見た確認をして．ということで，何かしたということで．」

生徒が作成・提出する活動報告書は，単位認定のために必要であるから生徒が書くという側面はもちろんあるが，その作成を通して自身の活動を振り返り，第三者にそれをわかりやすく伝える，いわば振り返りの機能を果たすという側面もある．学内の諸手続きのための文書に留めることなく，学外に対して活動成果の公表として積極的に発信していく段階になれば，その振り返りの機能はさらに強く作用するのではないかと思われる．

「報告書を出してます．で，まだ途中なので，報告書を出している子がいないですかね，こっちはまだ．終わってる子がまだいないんですけど，報告書を書かしてます．まだちょっと入力途中なので．この申請書っていうのを書かしてるんですけど，毎回毎回は手帳に報告を，さっき言うたみたいに，『こういうことをして，こう思った』とか．感想・反省を書かしてるんですけど，最終的にもう終わったっていう子は，活動の内容，それから何日から何日までどんなことをどこでしたということで，勉強だから，学んだこととか，感じたことがないといけないということで，空けても1行か2行で書いてきなさいって．で，自分の評価をして，『いろんな先生が見られるから，それなりの得たことを書きなさい』と言って書かして，

年度末に全部あれして，綴って，皆さんにこの手帳とこれ（活動報告書）と，全部これ見ていただいて，これを一番上にしてハンコをいただいてるんです．さっきの，終了の，タイトルをつけて．で，全部一通り回ったら，単位を認定する年度末の認定会議で，ボランティアの単位認定もしてもらってる．」

単位認定に関わる困難として，先述したように個々の生徒とのコンタクトが十分に取れないことがある．学校・クラス規模の影響もあるが，そこがきちんとできれば認定者数の増加も見込むことができる．また，挫折しそうな生徒を支援することも可能になるのではないかと思われる．その意味でも，教師個人の負担，組織としての支援体制の在り方を検討する余地がある．

「苦労はですね，せっかく，だから，単位認定をしたのに，3人とか5人とかいうような年が出てきたので，非常にもっと，<u>本来の趣旨に戻して活発にさしたいと思って，毎年広報に努めるんですけど</u>，今年は，だから，結構多いかなと喜んで．17人．はい．（中略）
　それで，してるかどうか分からなくて．<u>持ってくる子はいいんですけど，毎回『今回したから見て』言って持ってくればいいんですけど，持ってこない子はわざわざ…うちの学校はクラス数が多いんです．一学年全体で14クラスもあるもんですから．担任の先生に交渉してもあれですし，担任の先生に手紙を出して呼んでもらうんです．何年の何々の誰々さん．</u>（中略）
『見せに来なさい．どうなってるの？』言うてから，こうやって渡すんですけど，なかなか来なかったりして．それで，<u>もう最後に担任に付き添われて，連れてきてもらうような子もいたりして．で，話を聞いたら，途中でやめてたとか．</u>（中略）
　そういう時もあるんで，なかなか…．<u>生徒と，積極的に毎週1回来ればいいんですけど，そこら辺がちょっと大変というと大変ですかね．</u>」

(4) 活動相談・支援

　校務分掌の総務部にボランティア推進係があり，単位認定の広報活動やボランティアの受付，ボランティア相談や諸手続き，各種ボランティアの斡旋などの役割を担っている．学校全体でボランティア活動を推進しようとする動きの中で，設置するに至ったものであり，ボランティア情報はボランティア推進係に一元化されて集まってくることになっている．

「私ともう一人の指導員とおるんですけど，単位認定の広報活動，掲示板に貼ったりとか，あるいは時間があれば出向いていって話をしたりとか，そういう感じですかね．斡旋は，その来たのを印刷して配ったりとか．（中略）
　最初は係がなかったんですけど，作ってくださいって言ってお願いして作ってもらったんですよ．」

　寄せられてくる情報に関しては，多種多様であるが，すべてを生徒に提供するわけではなく，後述する生徒の安全確保を念頭に置きながら，ある程度内容等を選別していることがうかがえる．
　また，生徒の活動の位置づけに関して，生徒をボランティアとして受け入れる側は，全般的にただ単にマンパワーとして見なしているのではなく，生徒が活動に関わることによってもたらされる活動の活性化に期待が寄せられていることが推察される．

「もういろんなところから来ますよ．子育て支援の何かNPO法人ですかね，そういったおばちゃんのグループから来たりとか，特養とか，老健とか，それからさっき言ったお掃除のボランティアとかで，川を清掃して，木を切ったりとか，そういう，いろんなの来ますね．養護学校の，一緒に夏，プールの遊びとか．あるいは障害者の日には，もうチボリがなくなったんですけど，倉敷チボリ公園で，障害者を無料で招待して遊ぶような日があ

るんですけど，それの相手をしてくださいとか．（中略）

　あんまり遠方だったり，文書だけぽんと来たら，あんまり斡旋しないですね，そういえば．時々そういうとこありますね．（中略）

　障害者施設とか高齢者施設はもうどんと構えてますのでね，もう利用してくださったら．こちらも勉強になりますし．で，高齢者を送迎するマイクロバスなんかで迎えに来てくださったりとか．そういうどんと夏祭りとかある時はね．それから，夜遅くなるので夕食を出しますとか，そういうところもあるんです．そういうところもありますよ．だから，マンネリ化するから，そういうふうな行事をする時に若い子が来るだけで．（中略）

　おばちゃんなんかのボランティアはいっぱいいるんでしょうけど，60とか50ぐらいのね．高校生が来てくれて，一緒に楽しむいうのがいいんでしょうね．この秋も3カ所ほど，夕食付きのがあって．」

(5) 活動中の生徒の安全

　活動先への移動にかかる交通費は，原則自己負担で行っている．そのため，自然と遠くの活動への参加は少なくなる傾向にある．見方を変えれば，自ずと地域に密着した活動を中心に展開することにつながってくる．

　また，関連して，ボランティア保険への加入等を徹底しており，ここでも自己責任を強く意識するような働きかけが行われている．

「ボランティア保険には300円払って，最初に行くボランティアの時に入ります．それとは別にまたあるんです，学校全体が入ってるのがね．だから，傷害保険は出ますから．で，ボランティア保険は自分も出ますよね．で，あとは学校が把握してるボランティアは，保健室の方が関係している，何ていうんですかね，学校の体育の時間に骨折したら保険も出ますよね．あれと同じ扱いで，学校が把握してるボランティアも出るいうことなので，部活動も出るし．ですから，『何かあったら言ってきなさい』いうて，言ってます．（中略）

だからボランティア保険は300円で，「ボランティア保険入ってください」いうニーズが多いですから．（中略）
　というのが，何でも勉強なるからいうことで，最初の時に，運動するのもいいし，それから勉強するのもいいし，検定っていうことでもいいんだけど，ボランティアも勉強になりますよということで，最近は学校外における活動っていうのは，インターンシップとか，評価されてるから，ボランティアで得るもの多いから，自分のためになるんだから極力しなさいいうことで．ということで，なんかボランティアちょっと，自分たちが行くとなると思って，今の子はそう捉えていく…．」

　さらに，生徒の安全確保に関しては，保護者の理解も必要となる．また，これは教師の関わり方を考える上でも重要な視点である．個々の教師に過剰な負担がかかっていては継続的な活動支援には無理が生じる．そこを避ける意味でも，生徒（保護者も含めて）の自己責任で活動することが求められる．
　この自己責任の下での実践は，導入教育的な位置づけで学習活動として行うボランティア学習から，本来の意味でのボランティア活動への移行の在り方を考える上で，慎重かつ十分に議論が必要な部分であるのではないかと思われる．

「何かあったら困るから誓約書を取ってるんです．（中略）
『こういうことになりました．何かあったら全責任とります』ということで．（中略）
　活動の前にね．で，これは認定の時のなんですけど，単発的に1回だけのは，保護者に言って許可が下りたもので，しかも迎えに来てくれるとか，複数で駅まで帰って，そこからもう自分でということで．施設の方も，くれぐれもいうことで言われますよね．（中略）
　で，ちょっと何か困ってるようなことがありますかみたいな．うちだけかもしれないんですけど．当初，『ボランティアをしましょう』言って，それで，『じゃ，教員の引率はどうするんですか』って言いましたら，『生

徒もボランティアなんだから，教員もボランティアで』って言われたんですよ．それで，普通，実習とか部活に関しては引率をしていくんですけど，部活は部活手当とか．（中略）

つかない場合は振休とかありますけど，全くボランティアでって言われたので，もう割り切って生徒だけで出してます．そこは割り切って．（中略）

だから，行ける子が行けるということで無理をしない．もう無理してたら，教員も無理して続かないと思うんです．で，人材がたくさんいればいいんですけど，2人しかいないもんですから．ということで，そこは不満がありますけど．（中略）

時々トラブルもあるんですけど．約束した時間に来ないとかね．で，分からなかったらしくて，下を向いたまま黙ってしまったというようなことがあって，もうそれ断りに行くんですけど，過去，一人おりましてね，そういう子が．」

3　実践から得られる知見

　ボランティア活動の単位認定を進める上では，学校組織全体で合意形成した上で，校務分掌にその担当・役割を位置づけることが重要であると指摘できる．

　生徒の活動が学校内に留まることなく，地域社会をフィールドとした活動が主となることを勘案すると，地域社会との連携が大切になる．学校内外の諸手続きを特定の教師が遂行するには限界がある．組織としての支援体制が確立され，役割分担が適切になされることで，個々の担当者に過度の負担を強いることを回避することができるものと思われる．

　生徒を受け入れる側は，施設や活動に刺激を与えるために不可欠な存在として生徒を捉えている側面がある．学校側もそうした期待に応えるべく生徒の活動を支援する必要性を認識しているものの，実現することは容易なことではない現実がある．教師側の支援体制が整備されている状況下でも，個々の生徒に懇切丁寧に事前・事後指導するには限界がある．生徒のボランティア活動の活動領域・分野が多岐にわたれば，それに即した，ある程度専門的な知識が求め

られる指導が必要になることもある．個々のケースに十分に対応できないかといってすべてを生徒に任せることは問題であり，検討の余地が残されている．

　どこまで教師が関わり，どこまで生徒に委ねるのか，そのバランスの取り方が難しいと思われるが，単位認定を伴うボランティア活動であることを考えると，1年生等の初期段階などは教師主導で，その後，時間の経過や生徒の発達段階の進行に伴って，生徒主導の活動にシフトすることが妥当であろう．あるいは，既に活動した上級生が下級生にノウハウ等を伝える体制を確立させることも一考である．教師の負担軽減になるとともに，ボランティア活動を媒介とした学校風土・生徒文化が生まれ，それを反映させたボランティア活動が定着・発展することが期待できるのではないかと考えられる．

第3節　実践の検証②
―神奈川県立横浜清陵総合高等学校の事例―

　2009年8月29日に訪問し，JRC同好会顧問と聞き取り項目に基づいた半構造化面接（約60分間）を行った．なお，事前に送付した聞き取り項目一覧には，①ボランティア活動の単位認定を行う意義と課題，②教科・科目での取り組み，③ホームルーム活動での取り組み，④学校行事での取り組み，⑤生徒会活動での取り組み，⑥部活動での取り組み，⑦総合的な学習の時間での取り組み，⑧ボランティア推進委員会による支援などについて具体的に聞きたい旨を記した．

1　学校所在地及び学校の概要
(1) 学校所在地の概要

　横浜市は，人口約370万人，65歳以上人口割合19.6％の政令指定都市である．学校基本調査（2007年度）によると，市・県・私立を合計して幼稚園295園，小学校358校，中学校177校，高等学校96校，中等教育学校2校，特別支援学校22校である．社会教育関係施設では，図書館（移動図書館も含む）19館，

美術館・博物館7館，生涯学習支援センター18施設，市民活動支援センター8施設，コミュニティハウス18施設，地区センター80施設がある．

(2) 学校の概要

　1999年8月に県立高校改革推進計画により横浜南部方面総合学科高校の指定を受け，県立普通科高校2校を統合する形で2004年4月（学校名変遷総覧，『受験案内』晶文社）に開校した単位制による全日制総合学科の学校である．中期経営計画（2007～2009年度）の柱の一つに「個性に適った進路選択をより高いレベルで実現させます」とあり，「資格取得や社会規範（マナー）を身につける指導を徹底します」とされている．その中に「技能検定受検や体験学習等の機会の設定と事前指導を充実します」とあり，具体的に「インターンシップ，ボランティア体験の機会を拡充します」と示されている．

　また，学習活動の特色に「学校外における学修の単位認定を行っている．」とされ，学校設定教科「学校外活動」，科目「ボランティア活動」が教育課程に組み込まれている．校務運営機構には「オープンスクール部」があり，地域連携関連活動としてボランティアが挙げられている．

　そのほかにも，学校行事として，ボランティア説明会（5・6月），ボランティア事前指導（7月）が位置づけられていること，生徒会組織の中にボランティア委員会があること，部活動の中にJRC同好会があることなどが特徴として挙げられる．また，地域行事への参加として年間を通じて「各種ボランティア行事」への生徒・教職員の参加，公開講座における生徒のボランティア・アシスタント参加がある．

「施設は，ケアプラザとか，小学校とか，いろいろあるんですが，あと，この地域のお祭りを，この青少年指導員なんか一緒にやってるんですけど，そこ手伝ってるんですが，お祭りも1年に1回なんですが，2回か．この地区で夏と春にお祭りがあるんですけども，それに対して60人ぐらい，なんだかんだ言って，ワッと行って，運営から，あと出演，演奏とか，そ

ういう出演，バンドだとか，ダンスだとかっていう出演組と，あと運営とか，中学生や小学生の面倒を見るような係からっていうので，多い時で50，60人でやってるので，それも一応ボランティア活動とは見てるんですが．（中略）

出演の方は，部活動の成果として出たいっていう子たちがいるので，あと，大きな絵灯篭を作るんですけども，その絵灯篭の絵を描くんですが，それは美術部がやったりとかっていう，なんかそれぞれのあれを生かして参加をするっていうことをしてますね．ボランティア活動，自分たちの部の活動ではあるんですが，地域貢献っていう点ではボランティア活動かなという捉え方をしてるんですね．」

学級数・生徒数は18学級・713名で，港南区を筆頭に9割以上が横浜市内在住である．また，京急電鉄を中心に電車・バス等の公共交通機関での通学が9割を超え，6割以上が60分以内の通学時間である．

2 単位認定の概略

単位認定の導入に関して，学校の設立過程からも推察できるように，学校外の活動を精力的に評価するスタンスであったため，スムーズに制度化され，現在に至っている．

「本校，開校してからまだ6年目ぐらいの学校なので，総合学科っていうことで，もともとそういうキャリア教育を一生懸命やってる学校ですので，時間割も自分たちで自由に組めるような形になってます．で，授業数もたくさんあるので，何ていうんでしょう，もともとそういう素養がある学校ですので，ボランティア以外にも単位認定をたくさんしてるんですね．インターンシップでもしてますし，それから資格取得でもしてるしっていうことで，そのうちの，その一環でボランティア単位を認定してるもんですから，あんまり，そこにあれですごく苦労したとか，そういうのじゃなく

て，もともと学校を作った時からそういうのを入れていこうという趣旨があったので，最初からということですよね．（中略）

　そういうものを入れていくということはもう既定路線．そして学校を作る，大筋の枠組みを作る時にありましたから，あとはそれをどうやるかっていうとこだけだったので，あまりそこら辺は問題になってないと思いますね．」

(1) 認定状況

　ボランティア活動の単位認定に関して，制度としては2004年度から開始され，2007年度は55人が認定された．以降，人数は60人前後で推移している．学校外の活動ではあるが，教師がその様子を直接見るなどの関わりがある．通常，認定単位数が2という学校が多い中で，3年間で最大6単位認定しているというのは特筆すべき特徴である．

　活動頻度・形態については，認定手続きとの関連もあるが，短時間の積み重ねではなく，柱となる活動に時間をかけてじっくり取り組むこととされている．

「大体一定して60人前後，多い年で80人超えた年もありますけども．単位は35時間で1単位ということになりますので，ボランティアについても一応35時間分で1単位ということなんですが，ただ，バラバラではだめで，2時間を20回積み上げてるとか，そういうことではなくて，メインとなる活動といいますかね，主たる活動で一応相手方に認証をいただくっていうか，来てますよっていう，欠席じゃないですけど，来てますよっていう報告をいただくことが一応前提で，場合によっては報告書をいただくと．こんなことやって頑張りましたというようなことをいただいてというようなことでの，教員も場合によっては見に行ってという形のもので，大体単位を認定してるということですね．で，一番少ない，35時間でパタッとやめてしまう生徒もいますし，勢いでっていうか，いろいろあって，もうちょっとということで…．で，複数箇所行って単位をこう積み上げて，

最大6単位まで取れるので．（中略）
　フル6単位取った生徒は数えるほどしかいないんですが，ただ，夏休みごとに2単位ずつで，3年間で6単位っていうのはいますので．」

　単位認定者の男女比をみると女子中心，学年では1・2年生が中心である．また，授業での強制的・義務的な取り組みが契機となり，自主的なボランティア活動実践につながっている側面があり，授業から影響を受けていることも看過できない点である．

「圧倒的に女の子ですね．本校，3対7で男の子が少ないんですよ．もともと少ないんです．ですから，それもあるんですけども，圧倒的に女の子ですね．男の子はいないわけじゃないんですが，ほとんど女の子といっていい．9割以上，9割方女の子ですね．3年生はやっぱりちょっと夏休みは，進路があってということもありますので，1・2年生が中心という感じですよね．1年生については，授業もその絡みで，『福祉基礎』という授業があって40人ぐらいが取ってるんですが，その授業で，夏休みの宿題でボランティア活動してきなさい，レポートしなさいっていうのがあるので，やるんだったら義務でという生徒もいれば，じゃあ，せっかくやるんだったら，ちょっとまとめてっていう生徒もいるので，ほとんど関心がある生徒が取ってますから，そういう意味では，授業の絡みで行ってらっしゃいって言われて，それがきっかけでっていう生徒もいるんですよね．ですから，1年生を中心に，ということになってるんですが．」

(2) **単位認定の効果**
　総合学科の特色を有効に活用するという意味で，ボランティア活動だけではなく，インターンシップの単位認定も行っており，学校外での諸活動を積極的に評価する姿勢がある．認定単位数の上限とも関わるかもしれないが，単位認定と関係なく活動する生徒が存在することにも着目したい．単位取得が目的で

始めたボランティア活動が，継続していく中で単位と関係なく，本来的なボランティア活動へと発展的な活動を行っている生徒がいる．

「ボランティアに関して言うとありとあらゆるものがあって，丸ついてないところも実は，役所とか，図書館だとかにインターンシップなんかに来てるケースがあるので，これは一応ボランティアとしては，本校はみなしてないので…．インターンシップ行ってるものについては，そういったところのものも認めるということで，それはまた別に，6単位とは別に認めるので．ですから，活発な生徒は10単位以上取ってるけど，3年間で10単位以上…．（中略）
そのほか，その類といいますかね．あと，資格取得でも取れますので，単位制っていうか，総合学科か単位制ということもあって，いろんな取り方ができるので，そういう意味では，いろんなとこに行ってるという．単位に関係なく，ボランティア活動ですから，単位目的で行くわけではないので，単位に関係なく行ってる子たちもたくさんいるんですね．」

「あとは純粋に，そういうボランティア活動してみたいということだとか，一度行って，特に単位のあれで行った子たちなんかは，人間関係ができますので，『また来てね』って言われちゃうと，楽しかったので行こうかなという形で続けてるケースは多いですね．」

また，単位認定とは関係なく，県内広域にわたって，自分の地元などを拠点にボランティア活動に取り組んでいる生徒も存在する．単位認定が先か，それとは関係ない活動が先か，因果関係を特定することはできないが，活発にボランティア活動が展開されていることは確かである．

「神奈川県の場合，学区制がなくなってますので，本校も川崎から，神奈川で言うと厚木の方，北の方ですね．小田原はまだいないんですが，茅ヶ

崎ぐらいまではいるので，この辺のというわけにはなかなかいかなくてですね，自分の地元のというんですかね，っていうことで．それを承知してかどうか分かんないんですが，結構案内も遠くから来るので，来てくださいとか，ボランティアの依頼とかっていうのも，結構広範囲に来ますので，それを全部掲示にしたり，プリントにして配ったりして，自分の行きたいとこ行きなさいということで．単位認定を希望しない生徒については，特に届け出の必要がないので，ちょっと実数が把握できてない部分も…．（中略）

多分延べにすると夏休み期間中で300ぐらい，ダーッとどっかへ行ってる，行ってあって，日帰りものというか，5，6時間で終わってしまうようなものも含めると，延べ300から400っていう数は行ってると思うんですが，ちょっと実態が把握できてないっていう部分がありまして．」

このような単位認定を度外視した生徒のボランティア活動が活発になると，それをすべて網羅的に把握することは困難になる．また，そうした生徒の自発的な取り組みを掌握しようとすることは，ボランティア活動の基本理念を尊重することと相容れない側面があるのではないかとも思われる．場合によっては，生徒が自主的な活動を進める阻害要因になり得るかもしれない．

こうした生徒の実践は，学校教育としてのボランティア学習が，より本質的なボランティア活動に変容しつつある過程であると捉えることもできよう．あるいは，インターンシップの効果とも関連して，キャリア形成に寄与しているとみることもできるのではないかと考えられる．

「1回は全員が福祉施設に行くというところからスタートして，そういった活動を進めてるので，さっきのボランティアの単位を取る子たちも60人ぐらいいるっていうことと，延べにすると夏休みで300人とか400人がバーッと地域で行って，いろんな活動をしてるっていうのは，その表れかなと思ってるんですけどね．ちょっと把握しきれてないっていうか，教育

活動とボランティア活動ってちょっと，どこで線引きするかってのがあって，単位として認定したり，さっき言った，事前・事後の指導をしたりっていう学習活動の中に入ってるものと，あと，もうそこをきっかけに始まって，いろんなことをやりだすともうちょっと把握できなくなるので，自分たちの任意の活動として頑張りなさいっていうことをしてるので．何かいいことあったらとか，大きなイベントがあったりとか，あるいは仲間が欲しいみたいな話があったら，持って来てねみたいな形ですよね．そういう形でフィードバックをしてもらうっていうことはしてますが．（中略）

　最初は把握しようと思ってたんですけど，もうやめようって．それで制限しちゃう，報告書出せみたいなことをすると制限しちゃうことになるので，それはやめようっていうことで．で，うちの生徒がたくさん行って何かいいことがあったら，写真持って来てとかっていう形にした方が実効的だろうということで．で，先輩つながりで，卒業した先輩がその活動をずっとNGOとかNPOで続けていて，そこでうちの生徒が行って，先輩がいるからそこへ行ってっていう，つながってるみたいなケースも若干ありますので，それもOKということで．そういうNPOで活動してる先輩を呼んできて，その話を聞く授業とかあるんですよね．先輩の話を聞くみたいな授業があって，それはそういう卒業した先輩が，そういうとこで活躍して，この学校でやった授業をきっかけにこうなりましたみたいなものを，報告いただいたりみたいなことをしてるので．」

　こういう形で生徒の実践が展開され，部分的に単位認定が進む中で，生徒の間にボランティア活動が定着するようになったわけである．しかし，単位認定が制度として導入されていても，それが機能するようになるまでには苦労があったことがうかがえる．ただ，生徒の活動が，単位ありきの活動ではなく，結果的に単位が付いてきたという認識が強いことは，これまでと一貫しているところである．

「最初は大変だったんですけどね，こちらもちょっとどう，そういうものを入れるって決めたのはいいんですけど，どういう手続きで，手順でやったらいいか，認証だとか，ちゃんと行ってんのかって，35時間行ってんのかみたいなところをどうするのかっていうのはあったんですが，大体2年ぐらいやって形が決まってきて，行き先も決まってくると，大体また今年もよろしくお願いしますって文章のやりとりもスムーズになるようになったので，だいぶ負担は減ってきてるっていうことでしょうね．ただ，単位認定はやっぱり学校として認定しますから，本人がちゃんと書類を，3種類ぐらいあるんですけど，それをちゃんと行く前と行った後と，あと，施設からといただいて，そろえてちょっとハンコも押してもらってみたいなことが必要なので，本人が申請し忘れて単位が取れなかった．取れなかったというか，とりあえず，1年で認められるのに出し忘れで認められなくて，次の年にまた出したみたいな記録は結構あるんですけども，そういうこともあるんですが，基本は，別にボランティアの単位で卒業単位を補おうというわけではないので，プラスアルファですから，「もう先生，私は単位はいりませんけど」って言う生徒もいるんですよね．ですから，単位目当てでということじゃなくて，おまけに付いてくるっていうようなイメージですよね．まれに，3年になって落としてしまって，ボランティアしに行くということもたまにありますけど，それは大変まれなケースですので，単位目当てということじゃなくてというところでしょうかね．」

(3) **活動相談・支援**

　単位認定に関わるか否かは別として，生徒のボランティア活動を支援する組織としてボランティア推進委員会がある．そこでは，生徒や教員，外部（地域）の合同委員会として，ボランティア活動の啓発や活動情報の提供・相談を行っており，ボランティアセンターとしての機能を担っている．

「ボランティア推進委員会っていう委員会を作っていて，子どもたちの組

織とは別に，ボランティアの委員会の生徒の代表とか，JRC の生徒とか，生徒会本部の代表の生徒と，学校長と，あと，外部のアドバイザーとわれわれ担当教諭で，ボランティア推進委員会っていう組織を作っていてですね，変な話ですけど，生徒も一緒に一つのテーブルを囲んで，この学校のボランティアどういうのがあったらいいかとか，方向性だとか，そういうのを話し合うための組織が一応あって，そこの方針で，じゃあ，もっと地域に根差すものをやっていきましょうというと，ボランティア委員会がそれを持ち帰って，そういう情報をたくさん集めて，みんなに配るということをしてるということで，ちょっと機能的に全部ちゃんと動いてるかどうかっていうのは微妙なんですけども，一応そういう枠組みがあって，ボランティアセンターっていうのを作ろうっていう話もあったんですが，今のところはこのボランティア推進委員会が中心になって，ボランティア委員会がそういう情報提供をするっていうようなことをしていて，常設的なボランティアセンターってのは置いてないんですが，一応ボランティアセンター的な役割をして，外からのボランティアのニーズだとか，子どもたちの希望なんかを集約することを，一応はしているということですね。（中略）

　今のところは，保護者はいなくて，外部の方はこの地域の青少年指導員の方と，それから学校評議員みたいな方と，あと，そういう学校のボランティア活動を支援する NPO みたいなのがあるので，そこの方を１名ということでやってますので。保護者の方が入ってくる場合もあるんですけどね。」

「基本的にはボランティア推進委員会っていうのは，ボランティア活動の啓発っていうことと，あと情報提供っていうのを主にしているので，うちの学校ではどういう形でボランティア活動ができますよということと，どういう情報が来てますよっていうことと，あと，清総のメンバーにどういう形で，何でしょう，そのボランティアを啓発していったらいいかっていう方向性を決めるための委員会なので，その内容を，情報収集と，あと，

それぞれのセクションに振るっていうんですかね，学校の中のいろんなグループにそれを振っていくっていうことを，一応するのが役割ということですね．ちょっと珍しいところでは，NPO団体との連携だとか，小中学校との連携とかをしているので…普通ボランティアっていうと本校の生徒が外行ってボランティアするのがボランティアなんですが，外部の方がそういうボランティアに関する，例えば講演だとか，技術指導とかをしていただくっていうのの登録もしてもらえることになっていて，それのコーディネートも一応ここがやってることになってるので，ボランティア指導の登録制度みたいなのがあって，やっぱり責任問題とか，いろいろありますので，一応そういったところをクリアして，ボランティアで学校に来て話をしてくれるとか，なんか実技指導とか，一緒にやってくれるとかっていう人たちを登録してもらうっていう制度自体はあるんですが，まだあんまり活用できてないんですけど．」

2009年4月23日付で1年次LHR資料として配布された「本校におけるボランティア活動について」には，ボランティア推進体制について次のように記されている．

「校内に外部の協力者，生徒・教員からなるボランティア推進委員会を置き，生徒のボランティア推進，外部協力の受け入れの調整や方向性の検討を行っているほか，外部からの情報・募集などについては職員室前やプラズマディスプレイに常時掲出しています．生徒の皆さんが自分の関心にしたがい情報を集め，ボランティア活動に参加でき，それを支援する体制を整えつつあります．また，生徒会のボランティア委員会を中心に生徒によるボランティア推進・情報の提供も行っています．（後略）」

ボランティアセンター設置構想に関しては，現状でボランティア推進委員会がその機能を果たしているという判断から，当面は見送ることになっている．

ただ，神奈川県内の教員やNPO法人アドバイザーネットワーク神奈川，横浜市社会福祉協議会・横浜市ボランティアセンターの関係者が委員となって「高校・大学の学内にボランティアセンターを創るための調査研究チーム委員会」を組織し，議論・活動を展開していることは看過できない．そのようなボランティアの推進・支援を精力的に進める土壌や地域性から影響を受けながら実践を進めていることは想像に難くないであろう．

「今んとこね，できなくてもできちゃってるというところがあるので，っていうところですね．予算，情報収集とか配布のための予算，ほんとはこれぐらいの小部屋にいろんなファイルを，団体のファイルだとか，毎年来てる情報を置いて，スケジュールを流してっていう作業をしたりだとかっていうことができる部屋があればいい．ちょうど進路指導室のボランティア版みたいなのがあればいいなとは思ってはいるんですね．ちょっとまだそこまではっていうことと，今んとこ何とか対応できているということもあって，ということですね．ボランティアセンターについては，本校は，ほかの学校と一緒になって，ボランティアセンターつくろうっていう活動をしてたことがあって．（中略）
　横浜市を中心とした学校で，高校のボランティアセンター設置に向けての研究会を立ち上げて，一緒にやってた時期があって，設置手順とか，ボランティアセンターをつくるためには何が必要かとか，どういうことをしたらいいかっていうのを，一応県内の幾つかの学校，これさっきのですけど，うちの学校と，この辺の学校ですね．」

　このボランティア推進委員会は校務分掌の中に位置づけられており，3人体制で対応している．ただ，学校全体で活発に取り組みがなされていることもあり，どの教師に相談してもある程度対応できるようになっている．生徒への指導などを通して，ある意味，どの教師もコーディネーターとしての素養を有していると解釈することもできる．

「3名ぐらいいますので，主に保育園系のと，あとエコ系，地域系のと，あとそれ以外っていう感じで……．一応分けてるので，お互いが連絡は取ってますから大体の概要は分かってるんですが，専門としてるところがあるので，それを分けて，大体三つぐらいに分けてますね．」

「授業の中で取り組んでるものについては，その授業の担当の先生がいますので，その先生のところに行けばすぐ分かるようになっているということなので．意外と，全校的に取り組んでる授業で，施設なんかに行って，先生方に分担をして施設と連絡を取っていただいたりとかしてるので，先生方意外とそういう，何ていうんですかね，ノウハウというか，お持ちなので，福祉施設とか行政っていうのは連絡したらこういうとこなので，こういう打ち合わせが必要なんだなっていうのは，1年生の授業なんですけど，1年生の，1年生の担任とか副担任がやると嫌でもそれやんなきゃいけないので．1回やると経験的にはね，施設行くってのはこういうことかってのが分かるし，こういう子も連絡取ってくださいってマニュアルが作られてますので，そうすると，ボランティアしたいっていうときにどうすればいいかぐらいは，各先生方，大体お分かりだと思うので，ちょっと細かい相談なんかになれば上に上げていただいてっていう感じですね．」

しかしながら，ボランティア推進委員会に依存している部分が強いことは否めない状態であり，特定の担当者が特定の業務を担わざるを得ない状況である．公立高校には教員の異動があり，それによって活動の在り方などが大きく変わり得ることがある．伝統として根付かせることと新しい取り組みを創造することと，そのバランスを保ちながら引き継いでいくことが課題であると推察される．

「先生に依存してるところがやっぱり多いので，本校の場合3人いるんですけど，3人担当者がいるんですが，その3人がいなくなっちゃうと，う

まく引き継げるかどうかっていうのがあるんですね．で，3人がそれぞれ専門を持ってますので，例えばもう一人の方は環境，エコ，落ち葉とか，堆肥だとかっていう『理科』の専門なので，そこは私ともう一人の先生はノータッチです．生徒を集めたりだとかっていうのはやってるんですが….
（中略）

　指導はノータッチですね．あと，もう一人の方は，ここに来る前に保健所に人事交流で行ってたって言ってまして，そういうところは強くて，保育園だとかとの交渉だとか，当然顔もつながりますから，そういう渉外的なところを担当されてる方は，やっぱり引き継ぎが難しいのでということですよね．ケアプラザは近いんでしょっちゅう，行こうと思えばすぐ行けるんですけどね．そういうノウハウだとかもすぐは引き継げないのでっていうこともありますしね，そこはちょっと課題になると思うんですね．高校の場合はやっぱね，どこの部活もそうですけど，担当の先生いなくなっちゃうとしゅんとなっちゃうケース結構多いので，なかなか広がらないんですよね．先生についていっちゃうので，転勤すると次の学校が盛んになって，こっちがダメになっちゃうみたいなケースが結構あるので，そこがちょっともったいないところですよね．（中略）

　今8年ぐらいですからね，大体生徒2サイクルぐらい出したら出ちゃうので．8年ぐらいが標準になってる．ですから，12年以上はいれないので，ですから，その中でどうするかっていう感じですよね．だから，ちょっと計画的にやらないと，何となくやってたんじゃっていう…．以前は，15年ぐらいはいれたので…．だいぶ腰を据えて，伝統をつくるとこまでいけたんですが，8年ぐらいだと，立ち上げてようやく軌道に乗ったなってとこで動いちゃうぐらいなので，ちょっともったいないかなと思うんですね．」

3　実践から得られる知見

　学校設立の段階で単位制・総合学科の特色を活かす意味でボランティア活動の単位認定が想定されていたため，制度の導入そのものには特段問題はなかっ

た。しかし，制度を運用するに際し，具体的な諸手続きで苦慮する部分があったようである．通常は，運用方法等を吟味した上で，制度を導入するという流れをとることが多いため，逆の流れであったと解釈することができる．

各種教科・科目でもボランティア活動を取り上げているため，生徒も教師も，どの活動がどこまで単位認定の対象となるか否か混乱し，明確な区分けが難しい側面があったことが推察される．ただ，生徒の様々な活動をすべて掌握することをしようとしなかったことが功を奏したと考えられる．学校が杓子定規な対応をすることがなかったが故に，生徒が意識していたか否かは別として，自分のやりたい活動を自由に実践することにつながり，自発性等のボランティア活動の基本理念を損なうことなく活動できたことは大きいといえる．単位認定云々に関する混乱も，事前指導が綿密になされていたからこそ，生徒が自己責任で対応をすることになり，大きな問題になることなく収束したとみることができる．

それから，活動全般を支援するボランティア推進委員会の存在も見逃せない．ボランティア活動の推進・支援に力を入れている地域性を活かして，教師だけではなく生徒も巻き込んで，また，学校内だけではなく学校外の地域住民等も巻き込んで組織したことは注目に値する．生徒の活動先が地域社会であることが多いことを勘案すれば，地域住民からの理解・協力を得やすい体制を整備することは必要不可欠な要素である．こうした組織が継続的に機能するためには，学校内外の特定の人物に過度の負担を強いることなく，常に引き継ぎを意識しながら後継者育成を進めることが肝要であるといえよう．

【参考文献】
・神奈川県立横浜清陵総合高等学校『創立5周年誌』2008年
・高校・大学の学内にボランティアセンターを創るための調査研究チーム委員会「学校ボランティアセンターガイドブック～高校・大学の学内にボランティアセンターを創るために～」特定非営利活動法人アドバイザーネットワーク神奈川・社会福祉法人横浜市社会福祉協議会，2005年

第4章　地域性を活かした取り組み

第1節　データでみる現状

　文部科学省が，ボランティア活動をはじめ各種体験活動の推進に関する様々な施策を展開する中で，全国各地で特徴的な実践が行われるようになっている．『体験活動ボランティア活動支援センターコーディネート事例集』[1]や『体験活動ボランティア活動支援センター　活動事例集』[2]，『体験活動事例集〜体験のススメ〜』[3]等をみると，その実情の一端をうかがい知ることができる．
　本節では，高等学校に着目して，学校内外，教育課程内外でどのようなボランティア活動が展開されているのか，地域性を加味しながらその実情を基礎的データから明らかにする．

1　高校生の学校外のボランティア活動
(1) 単位認定の有無
　生徒のボランティア活動を単位認定しているかどうか，「認定している」「認定していない」の二者択一で聞いた．「認定している」について，関東21.6％，中国・四国13.8％が比較的多く，関東では2割以上の学校で「認定している」ことが明らかになった．他方，九州・沖縄2.7％，東海4.3％が少なく，関東と九州・沖縄では約20ポイントの開きがあった．

(2) 今後の単位認定の予定
　ボランティア活動の単位認定について，「認定していない」と回答したケー

表4-1-1　ボランティア活動の単位認定　　　　　　　　　　　　　　単位：％

	認定している	認定していない	検定結果
北海道・東北　n=156	7.7	92.3	
関東　n=204	21.6	78.4	
信越・北陸　n=76	7.9	92.1	
東海　n=115	4.3	95.7	**
近畿　n=91	7.7	92.3	
中国・四国　n=94	13.8	86.2	
九州・沖縄　n=112	2.7	97.3	

$**p<.01$

表4-1-2　ボランティア活動の単位認定の予定　　　　　　　　　　　単位：％

	ある	ない	検定結果
北海道・東北　n=142	2.8	97.2	
関東　n=156	3.8	96.2	
信越・北陸　n=70	7.1	92.9	
東海　n=109	0.9	99.1	**
近畿　n=83	1.2	98.8	
中国・四国　n=83	2.4	97.6	
九州・沖縄　n=106	0.9	99.1	

$**p<.01$

スで，今後，単位認定する予定が「ある」か「ない」かを聞いた．予定が「ある」について，信越・北陸7.1％，関東3.8％が全体よりもやや多かった．その一方で，東海0.9％，九州・沖縄0.9％，近畿1.2％で予定している学校が少ないことも明らかとなった．

2　学校教育の一環として行っているボランティア活動
(1) 各教科・科目におけるボランティア活動
① 普通教育における取り組み

　普通教育（国語，地理歴史，公民，数学，理科，外国語など）に関する各教科・科目で，ボランティア活動を「取り上げている」か「取り上げていない」かを聞いた．「取り上げている」について，中国・四国22.1％，信越・北陸

18.4％が比較的多く，中国・四国では2割以上の学校が「取り上げている」ことが明らかになった．その一方で，関東10.0％や東海10.7％は1割程度と少なく，中国・四国と関東では10ポイント以上の開きがあった．
② 専門教育における取り組み

専門教育（農業，工業，商業，水産，家庭，看護，情報，福祉，理数，体育，音楽，美術など）に関しては，「取り上げている」「取り上げていない」「専門教育に関する各教科・科目はない」の三者択一で聞いた．「取り上げている」について，東海25.0％，信越・北陸24.0％が多く，およそ4分の1の学校で「取り上げている」ことが明らかになった．「取り上げていない」に着目すると，

表4-1-3　普通教育におけるボランティア活動　　　　　　　　　　　単位：％

	取り上げている	取り上げていない	検定結果
北海道・東北　n＝154	14.3	85.7	
関東　n＝200	10.0	90.0	
信越・北陸　n＝76	18.4	81.6	
東海　n＝112	10.7	89.3	n.s.
近畿　n＝91	15.4	84.6	
中国・四国　n＝95	22.1	77.9	
九州・沖縄　n＝112	12.5	87.5	

表4-1-4　専門教育におけるボランティア活動　　　　　　　　　　　単位：％

	取り上げている	取り上げていない	専門教育に関する各教科・科目はない	検定結果
北海道・東北　n＝156	20.5	47.4	32.1	
関東　n＝195	16.9	43.6	39.5	
信越・北陸　n＝75	24.0	50.7	25.3	
東海　n＝108	25.0	40.7	34.3	＊
近畿　n＝90	16.7	51.1	32.2	
中国・四国　n＝91	20.9	48.4	30.8	
九州・沖縄　n＝112	12.5	43.8	43.8	
全体　n＝827	19.1	45.9	34.9	

＊ $p < .05$

表4-1-5　学校設定教科・科目におけるボランティア活動　　　　　単位：％

	取り上げている	取り上げていない	検定結果
北海道・東北　n＝154	12.3	87.7	
関東　n＝197	17.3	82.7	
信越・北陸　n＝75	10.7	89.3	
東海　n＝108	10.2	89.8	＊
近畿　n＝91	19.8	80.2	
中国・四国　n＝92	8.7	91.3	
九州・沖縄　n＝109	6.4	93.6	

＊$p<.05$

近畿51.1％，信越・北陸50.7％が多く，半数以上の学校で「取り上げていない」実態にあることがわかった．

③学校設定教科・科目における取り組み

　学校設定教科・科目（「産業社会と人間」など，各学校が生徒や地域の実態などに応じて，特色ある教育課程を編成するために設けたもの）については，「取り上げている」か「取り上げていない」かを聞いた．「取り上げている」について，近畿19.8％，関東17.3％が多く，2割近くの学校が「取り上げている」ことが明らかになった．他方，九州・沖縄6.4％，中国・四国8.7％は比較的少なく，近畿と九州・沖縄とでは10ポイント以上の差があった．

(3) 特別活動におけるボランティア活動

① ホームルーム活動における取り組み

　「全部の学年・クラスで取り組んでいる」「取り組んでいる学年・クラスがある」「取り組んでいない」の三者択一で聞いた．「全部の学年・クラスで取り組んでいる」では九州・沖縄23.9％，「取り組んでいる学年・クラスがある」では中国・四国30.2％，近畿28.4％，九州・沖縄28.4％が比較的多かった．両者を合計した「取り組んでいる」割合をみると，九州・沖縄52.3％が最も多く，半数以上の学校で「取り組んでいる」のに対して，東海31.5％は3割程度の取り組みとなっており，その差は20ポイント以上であった．

表 4-1-6　ホームルーム活動におけるボランティア活動　　　　　　　　　　単位：％

	全部の学年・クラスで取り組んでいる	取り組んでいる学年・クラスがある	取り組んでいない	検定結果
北海道・東北　n=154	18.2	21.4	60.4	n.s.
関東　n=196	16.3	21.4	57.1	
信越・北陸　n=73	15.1	21.9	63.0	
東海　n=111	12.6	18.9	68.5	
近畿　n=88	8.0	28.4	63.6	
中国・四国　n=96	17.7	30.2	52.1	
九州・沖縄　n=109	23.9	28.4	47.7	

表 4-1-7　学校行事におけるボランティア活動　　　　　　　　　　単位：％

	取り組んでいる	取り組んでいない	検定結果
北海道・東北　n=152	55.3	44.7	n.s.
関東　n=200	63.0	37.0	
信越・北陸　n=73	49.3	50.7	
東海　n=114	57.9	42.1	
近畿　n=89	58.4	41.6	
中国・四国　n=97	66.0	34.0	
九州・沖縄　n=111	69.4	30.6	

② 学校行事における取り組み

「取り組んでいる」「取り組んでいない」の二者択一で聞いた．「取り組んでいる」のは九州・沖縄69.4％が最も多く，約7割の学校が「取り組んでいる」ことが明らかになった．一番少なかった信越・北陸49.3％は半数程度となっており，その差は20ポイント以上であった．

学校行事に関して，「取り組んでいる」場合は，5種類の学校行事のどの行事であるのかを複数回答で聞いた．「学芸的行事」「旅行・集団宿泊的行事」「勤労生産・奉仕的行事」で有意差があった．「学芸的行事」では信越・北陸27.8％が最も多く，約3割の学校が「取り組んでいる」ことが明らかになった．一番少なかった近畿1.9％とは25ポイント以上差があった．「旅行・集団宿泊的行事」については，九州・沖縄9.1％が最も多く，約1割の学校で「取り組ん

第4章 地域性を活かした取り組み

表4-1-8 取り組んでいる行事の種類（複数回答）　　　　　　　　　　単位：％

	儀式的行事	学芸的行事	健康安全・体育的行事	旅行・集団宿泊的行事	勤労生産・奉仕的行事
北海道・東北　n＝84	7.1	10.7	10.7	7.1	86.9
関東　n＝126	4.8	15.9	7.9	4.0	84.9
信越・北陸　n＝36	2.8	27.8	5.6	0.0	69.4
東海　n＝66	4.5	10.6	10.6	0.0	86.4
近畿　n＝52	5.8	1.9	7.7	5.8	82.7
中国・四国　n＝64	3.1	12.5	12.5	6.3	92.2
九州・沖縄　n＝77	1.3	6.5	6.5	9.1	87.0
検定結果	n.s.	**	n.s.	*	*

**p＜.01　*p＜.05

表4-1-9 生徒会活動におけるボランティア活動　　　　　　　　　　単位：％

	取り組んでいる	取り組んでいない	検定結果
北海道・東北　n＝154	65.6	34.4	
関東　n＝198	65.2	34.8	
信越・北陸　n＝77	67.5	32.5	
東海　n＝112	75.0	25.0	n.s.
近畿　n＝89	67.4	32.6	
中国・四国　n＝92	67.4	32.6	
九州・沖縄　n＝110	72.7	27.3	

でいる」ことがわかった．その一方で，信越・北陸と東海では「取り組んでいない」という実態があることも明らかになった．「勤労生産・奉仕的行事」をみると，中国・四国92.2％が最も多く，9割以上の学校が「取り組んでいる」ことになり，一番少なかった信越・北陸69.4％は7割程度の取り組み状況で，両者には20ポイント以上差があった．

③ 生徒会活動における取り組み

「取り組んでいる」か「取り組んでいない」かを聞いたところ，「取り組んでいる」では，東海75.0％が最も多く，4分の3の学校で「取り組んでいる」ことが明らかになった．一番少なかった関東65.2％とは約10ポイントの開きであった．

(4) 部活動におけるボランティア活動

ボランティア活動に取り組んでいる部活動やサークル，同好会などがあるか否か聞いたところ，「ある」に関して，信越・北陸78.4％，中国・四国74.7％が比較的多く，信越・北陸では8割近くの学校に「ある」ことがわかった．他方，近畿56.7％が最も少なく，信越・北陸と近畿とではその差20ポイント以上であった．

(5) 総合的な学習の時間におけるボランティア活動

「全部の学年・クラスで取り組んでいる」「取り組んでいる学年・クラスがある」「取り組んでいない」の三者択一で聞いた．「全部の学年・クラスで取り組んでいる」では北海道・東北13.5％，九州・沖縄11.0％が比較的多かった．「取

表4-1-10　ボランティア活動に取り組む部活動　　　　　　　　　　　単位：％

	ある	ない	検定結果
北海道・東北　n=155	68.4	31.6	
関東　n=202	69.8	30.2	
信越・北陸　n=74	78.4	21.6	
東海　n=114	65.8	34.2	n.s.
近畿　n=90	56.7	43.3	
中国・四国　n=95	74.7	25.3	
九州・沖縄　n=111	70.3	29.7	

表4-1-11　総合的な学習の時間におけるボランティア活動　　　　　　単位：％

	全部の学年・クラスで取り組んでいる	取り組んでいる学年・クラスがある	取り組んでいない	検定結果
北海道・東北　n=156	13.5	17.3	69.2	
関東　n=203	8.4	17.7	73.9	
信越・北陸　n=77	5.2	22.1	72.7	
東海　n=111	5.4	25.2	69.4	*
近畿　n=88	4.5	15.9	79.5	
中国・四国　n=96	5.2	30.2	64.6	
九州・沖縄　n=109	11.0	24.8	64.2	

$*p<.05$

り組んでいる学年・クラスがある」をみると中国・四国30.2%が最も多かった．この2つの回答を合わせて「取り組んでいる」とすると，九州・沖縄35.8%，中国・四国35.4%が多く，3分の1以上の学校で「取り組んでいる」ことがわかった．最も少ない近畿20.4%は2割程度の取り組みで，九州・沖縄，中国・四国とは15ポイント以上の開きがあった．

(6) 学校内におけるボランティア活動相談窓口
① 相談機関・組織

　学校内で生徒のボランティア活動に関する相談にのったり，情報提供などをする組織・機関（ボランティアセンターなど）が「ある」か「ない」かを聞いた．「ある」に関して，関東42.4%が最も多く，4割以上の学校に「ある」ことが明らかになった．他方，一番少なかった信越・北陸22.1%は2割程度に留まっており，20ポイント以上の差であった．

② 相談者

　ボランティア活動に関する相談者（ボランティア・コーディネーターなど）について，「いる」か「いない」かを聞いた．「いる」に関して，北海道・東北34.8%が最も多く，3分の1以上の学校に「いる」ことがわかった．他方，近畿18.7%は2割程度で一番少なく，その差は15ポイント以上であった．

表4-1-12　学校内でボランティア活動に関する相談・情報提供をする機関・組織

単位：%

	ある	ない	検定結果
北海道・東北　n=155	32.3	67.7	
関東　n=203	42.4	57.6	
信越・北陸　n=77	22.1	77.9	
東海　n=115	37.4	62.6	n.s.
近畿　n=91	28.6	71.4	
中国・四国　n=97	36.1	63.9	
九州・沖縄　n=112	25.9	74.1	

表4-1-13　学校内でボランティア活動に関する相談・情報提供をする人　　単位：％

	いる	いない	検定結果
北海道・東北　n＝155	34.8	65.2	n.s.
関東　n＝202	22.8	77.2	
信越・北陸　n＝77	31.2	68.8	
東海　n＝115	27.0	73.0	
近畿　n＝91	18.7	81.3	
中国・四国　n＝96	27.1	72.9	
九州・沖縄　n＝112	25.9	74.1	

表4-1-14　ボランティア活動の内容や時間を記入する様式　　単位：％

	ある	ない	検定結果
北海道・東北　n＝155	20.6	79.4	n.s.
関東　n＝203	35.5	64.5	
信越・北陸　n＝77	24.7	75.3	
東海　n＝115	25.2	74.8	
近畿　n＝91	17.6	82.4	
中国・四国　n＝97	21.6	78.4	
九州・沖縄　n＝111	22.5	77.5	

(7) ボランティア活動の記録記入様式と活動報告書

① ボランティア活動の記録記入様式

　生徒がボランティア活動に取り組んだ際に，その内容や時間などを記入する様式（ボランティア・パスポートや活動記録用紙など）が「ある」か「ない」かを聞いた．「ある」について，関東35.5％で最も多く，3分の1以上の学校に「ある」ことが明らかになった．その一方で，一番少なかった近畿17.6％は2割に満たない状況で，その差は約20ポイントであった．

② 活動報告書

　生徒のボランティア活動に関する報告書などの作成の有無を聞いた．「学校全体で作成している」では，近畿28.6％，関東23.5％が比較的多く，近畿では3割近くの学校が作成していることがわかった．「生徒会で作成している」に

表4-1-15　活動報告書の作成（複数回答）　　　　　　　　　　　　単位：%

	学校全体で作成している	生徒会で作成している	部活・クラブで作成している	作成していない
北海道・東北　n=156	17.9	13.5	23.7	50.6
関東　n=204	23.5	14.7	16.7	55.4
信越・北陸　n=77	10.4	7.8	18.2	63.6
東海　n=115	17.4	13.0	25.2	53.0
近畿　n=91	28.6	9.9	17.6	47.3
中国・四国　n=97	19.6	11.3	16.5	58.8
九州・沖縄　n=112	18.8	13.4	25.9	50.0
検定結果	n.s.	n.s.	n.s.	n.s.

ついては，それほど大きな差はなかったが関東14.7%がやや多かった．「部活・クラブで作成している」をみると，九州・沖縄25.9%，東海25.2%が比較的多く，4分の1以上の学校で作成していることが明らかになった．「作成していない」に関しては，信越・北陸63.6%が最も多く6割以上の学校が作成しておらず，一番少なかった近畿47.3%とは15ポイント以上の開きがあった．

(8) 地域社会における活動施設・機関

　学校教育の一環としてボランティア活動に取り組む際，地域社会のどのような施設・機関で活動しているか，複数回答で聞いた．統計的検定を行って有意差の認められた施設・機関に着目すると，「小学校」では，関東25.6%が最も多く，4分の1以上の学校で活動していることがわかった．一番少なかった東海7.8%と比較すると，20ポイント近い開きがあった．「高齢者施設」では，信越・北陸70.3%が最も多く7割以上の学校が活動していることが明らかになった．一番少なかった近畿46.3%は5割にも満たない状態で，両者には20ポイント以上の差があった．「役所・役場」では，北海道・東北20.4%が最も多く，2割以上の学校が活動していることがわかった．他方，信越・北陸3.1%が最も少なく，その差は15ポイント以上あった．「社会福祉協議会」では，東海54.4%が最も多く，半数以上の学校が活動しているのに対して，一番少なかっ

表4-1-16　地域社会で活動する施設・機関（複数回答）　　　　　　単位：％

	幼稚園	保育所	児童館	小学校	中学校	特別支援学校
北海道・東北　n=142	29.6	37.3	16.2	9.2	3.5	21.1
関東　n=180	25.6	38.3	15.0	25.6	6.7	25.6
信越・北陸　n=64	29.7	46.9	17.2	12.5	4.7	28.1
東海　n=103	37.9	41.7	12.6	7.8	1.0	17.5
近畿　n=80	21.3	31.3	7.5	17.5	3.8	33.8
中国・四国　n=88	29.5	42.0	8.0	10.2	9.1	22.7
九州・沖縄　n=102	27.5	38.2	12.7	12.7	4.9	17.6
検定結果	n.s.	n.s.	n.s.	**	n.s.	n.s.

	高齢者施設	障害者施設	病院	郵便局	役所・役場	社会福祉協議会
北海道・東北　n=142	66.2	43.0	10.6	1.4	20.4	38.0
関東　n=180	59.4	35.6	19.4	0.0	15.0	33.3
信越・北陸　n=64	70.3	51.6	17.2	0.0	3.1	37.5
東海　n=103	66.0	53.4	11.7	1.9	10.7	54.4
近畿　n=80	46.3	42.5	6.3	0.0	6.3	28.8
中国・四国　n=88	69.3	38.6	10.2	0.0	8.0	33.0
九州・沖縄　n=102	63.7	46.1	12.7	2.0	17.6	41.2
検定結果	*	n.s.	n.s.	n.s.	**	**

	図書館	公民館	博物館	体育館	青少年施設	その他
北海道・東北　n=142	6.3	7.0	1.4	3.5	9.9	33.1
関東　n=180	5.6	7.2	2.8	3.3	10.6	36.7
信越・北陸　n=64	1.6	7.8	3.1	1.6	7.8	29.7
東海　n=103	3.9	7.8	1.9	1.0	3.9	31.1
近畿　n=80	1.3	8.8	0.0	1.3	6.3	32.5
中国・四国　n=88	5.7	9.1	2.3	6.8	8.0	33.0
九州・沖縄　n=102	4.9	10.8	1.0	2.9	8.8	25.5
検定結果	n.s.	n.s.	n.s.	n.s.	n.s.	n.s.

$**p<.01$　$*p<.05$

た近畿28.8％は3割程度となっており，その差は25ポイント以上あった．

3　まとめにかえて

　本節では，高等学校におけるボランティア活動に関して，地域性に着目しながらその実情を俯瞰した．その結果を概観すると，単位認定に関して関東で実施される傾向にあること，九州・沖縄では特別活動（学校行事）での取り組みが活発であること，総合的な学習の時間では九州・沖縄，中国・四国で取り組

む学校が多いことなどが明らかになった．

　本来であれば，これらの要因について詳細な分析・考察をすべきところであるが，現時点では詳述することが困難である．要因把握をするためにも，地域差がみられた地区の学校の具体的な取り組みを明らかにする継続的研究を進めていく必要があると考えている．

　今回は便宜的に7地区に分類して分析を行ったが，同一地区内，同一都道府県内でもその現状は様々であることは容易に推察される．そこで，各都道府県の教育改革の歴史や今日に至るまでの動向なども踏まえながら，詳述する必要もあると思われる．また，地域性に加えて，設置形態（公立／私立）や課程（全日制課程／定時制課程／通信制課程），学校タイプ（普通高校／専門高校／進路多様校）などを勘案しながら，より詳細な実態を掌握することも求められる．

　そこで，次節以降では，そうした必要性に対応する意味で，地域性を活かした実践を展開している事例を取り上げて，詳細な検討を試みる．

【注記・引用文献】
（1）文部科学省　国立教育政策研究所　社会教育実践研究センター『平成18年度体験活動ボランティア活動支援センター　コーディネート事例集』2007年
（2）文部科学省　国立教育政策研究所　社会教育実践研究センター『平成19年度体験活動ボランティア活動支援センター　活動事例集』2008年
（3）文部科学省『体験活動事例集〜体験のススメ〜［平成17・18年度豊かな体験活動推進事業より］』2008年

　本節は，林幸克「高等学校におけるボランティア活動の現状―地域差に着目した報告―」『国立青少年教育振興機構研究紀要　青少年教育フォーラム』第10号，2010年，pp.137-146.をもとに加筆・修正したものである．

第2節　中山間地域における実践
―和歌山県立大成高等学校の事例―

　高校生のボランティア活動について論じる際に，個別・具体的なボランティア活動を中心に実践報告がなされたり，活動効果の検証が試みられたりすることは散見する．しかし，その高校生の活動環境を視野に入れた考察がなされることは皆無である．社会関係資本に恵まれた環境にある高校生の活動とそういった環境下にない高校生の活動とでは諸側面で異なることがあるはずである．また，それぞれが地域性を活かした特徴的な実践を展開していることも想像に難くない．活動支援者の立場に立てば，そうした特徴を明らかにすることで，より効果的な支援ができると考えられる．

　地域性に着目すれば，前節で確認したように高等学校のボランティア活動に関して，学校外のボランティア活動の単位認定に関して関東で実施される傾向にあること，九州・沖縄では特別活動（学校行事）での取り組みが活発であること，総合的な学習の時間では九州・沖縄，中国・四国で取り組む学校が多いことなどが示されている．

　また，市区町村社会福祉協議会におけるボランティアセンターの設置率に目を移すと，91.6％の市区町村にボランティアセンターやその機能を担う社会福祉協議会があり，整備が進んでいるように見えるが，都道府県・政令指定都市別では，設置率70％未満が2ヵ所，70～80％未満が6ヵ所あり，地域差がある．そこに配置されるボランティア・コーディネーターの人数にも偏りがみられる[1]．

　本節では，こうした地域性に着目して，中山間地域における高校生のボランティア活動を具体的に取り上げて考察する．

1　学校所在地及び学校の概要
(1) 学校所在地の概要[2]

　和歌山県立大成高等学校（以下，大成高校とする）の所在地である和歌山県

海草郡紀美野町は，2006年1月1日に，旧野上町と旧美里町が合併して誕生した町である．和歌山県の北部に位置し，中央を東から西に紀の川の支流，貴志川が流れ，その流域に広がる丘陵地と山地からなっている．

　土地利用状況をみると，森林が総面積の75％を占め，農地は10％程度となっている．2005年国勢調査によると人口11,643人，世代別の人口構成をみると，65歳以上の高齢者比率が35.2％となっている[3]．紀美野町内の学校は，大成高校のほかに，小学校7校（そのうち3校は休校中），中学校3校がある．

(2) 学校の概要

　大成高校の前身は1924年に野上養蚕学校の施設設備を引き継いで設置された東野上村立野上実践女学校まで遡ることができる．その後，校名変更や定時制課程改廃（1948年設置，1995年廃止）などを経て，2000年に全日制普通科単位制高校として改編された．

　その後，2008年4月から和歌山県海南市に所在する和歌山県立海南高等学校（以下海南高校とする）と統合して，和歌山県立海南高等学校大成校舎（以下大成校舎とする）となった．そのため，大成校舎で学んでいる生徒は，1年生と2年生が海南高校在籍，3年生は大成高校在籍ということになる．

　学校規模（2009年4月1日現在）は，1年生2クラス・83名，2年生2クラス・76名，3年生3クラス・79名，合計7クラス・238名である．出身市町村別では，海南市146名（61.3％），紀美野町46名（19.3％）で，この2市町出身者が8割を超えている．教職員は，教員（常勤）24名，教員（非常勤）5名，事務職員6名である．2009年8月4日に訪問し，ボランティア同好会顧問と聞き取り項目に基づいた半構造化面接（約60分間）を行った．なお，事前に送付した聞き取り項目一覧には，①部活動（ボランティア同好会）での具体的な取り組み，②郊外に所在する学校における取り組みの意義と課題，③その他を記した．

　教育方針の一つに，「生徒の主体的・自主的活動を重視し，連帯感を醸成するとともに思いやりのある人間を育てる．」ことが示されている．それを受けて，

基本目標・具体目標・実施方法・理由の4つの視点から教育目標が定められている．「豊かな社会人の育成」（基本目標）を掲げ，「自主活動の育成」（具体目標）を明示し，「自主活動を通して個人の役割の大切さを認識させる．」（理由）ために，「地域活動へのボランティア参加を推進し，地域と協力・連携を緊密にする．」（実施方法）ことが示されている．

また，「健康管理と環境の整備」（基本目標）の下，「安全教育」（具体目標）があり，「人命の尊厳を理解させ他人に対する思いやりのある行動ができるように指導したい．」（理由）との意図から，「防災訓練・ボランティア活動等に積極的に参加し，防災意識を高める．」（実施方法）とされている．

2　結果と考察

(1) ボランティア同好会からボランティアクラブへ

ボランティアクラブは，2008年度までは「ボランティア同好会」であったが，2009年度から「ボランティアクラブ」に昇格した．その背景には，海南高校との統合に関わることがある．組織・体制の変更など，2010年度に完全に統合した後のことを勘案すると，予算面等で学校の独自性がより発揮しやすい今（大成高校）の段階で，クラブ化する方が望ましいという判断があった．

「来年から学校が変わると（大成は統合の対象校）．で，実は校長，事務長，事務長補佐がまずいなくなる．この海南駅の近所にある海南高校っていうのに，ここの学校も海南高校って名前変わりますし，向こうに事務長とか校長とかがいますから，何ちゅうか，予算的な面で，今みたいにすぐ話して決まるかどうか分からへんと．で，クラブとして，今年からクラブ予算として，予算請求して活動費をですね，確保しといたらどうかなって言われて，クラブに今年からしたんですけど．」

ボランティアクラブの部員は，2009年4月現在8名（1年生3名，2年生5名）である．ボランティア同好会の頃は，各種行事があるたびに集合して活

動していたが，クラブになってからは定例的に集まって活動をするようになった．ただ，部員数が少ないことは否めない状態で，いかに部員を確保するかが課題となっている．

「ほんとに1年生をいかに集めるかなんです．1回行った経験ある子は，2年目になっても，3年生になっても行ってくれる率っていうのは高いんですけど，2年生の途中からっていうのはなかなか，これ難しい部分があって．ですから，<u>新入生の時に，いかに，何ちゅうんですか，そういう活動を知ってもらうというのと，で，行ったら行ったで，そんな，しんどかっただけちごうて，そんな気悪くして帰って来てないわな</u>．しんどかっただけではないと思うんです．山の上もやっぱり清々しいっていうか，そういう汗流した後のね，気持ちのよさもあるし，ある程度そういうのをちょっと分かってもらえたら，しんどいばっかりちゃうでみたいになるんで，とにかく私は，勝負は1年生の子たちに何人行ってもらうかです．」

なお，ボランティアクラブの活動・役割は，ボランティアクラブに所属する生徒によるボランティアの実践ももちろんあるが，それだけではない．学校内のボランティア相談の窓口になり，ボランティア情報の提供や参加の呼びかけ，活動先との連絡・調整といった広報・運営に関わる活動により比重が置かれている．ボランティア・コーディネーターの機能として，相談・対応，情報収集・提供，養成・教育，調整・活動の場の開発，活動支援，連携・組織，調査・研究が挙げられている[4]ことを加味すると，ボランティアクラブは，ボランティア・コーディネーターの機能を担っているといえる．

「このクラブっちゅうか，同好会自体はボランティアに行くのが目的じゃないんです．募集するのが目的．ポスター作ったり．だから，クラブや同好会に所属してるからいうて，『あんた必ず行きなさい』ではないわけですよ．行きたい分は行く．都合悪かったら行かない．ボランティアの行き

先により生徒たちは自由に行くかどうかを決める.」

(2) ボランティア実践

ここで具体的な実践について概観するが，ボランティアクラブの性格上，そこに所属する生徒の活動というより，学校全体としての取り組みとして理解する方が適切である．主な活動内容として，次の6つがある．
① NPO法人「生石山の大草原保存会」主催の希少植物保護活動への参加（2005年から参加）

学校から4.5キロ離れたところに生石山があり，毎年6月にそこで活動する．
② 貴志川大清掃（後援　紀美野町・紀美野町教育委員会）（2001年から参加）

年に1回あり，紀美野町住民と一緒になって活動する．学校を地域の人によく知ってもらうために始めたもので，これがきっかけで，地域に根差した活動に広がりが出てきた．もともとはボランティア同好会の活動ではなかったが，この活動からボランティア同好会が誕生したという経緯がある．

「学校を知ってもらうっていうのは，来てもらうっていう発想よりも，こっちが出て行って生徒を見てもらうと．その方が，学校を知ってもらうっていうのと多少ちょっとニュアンス変わるんですけど，でも，やっぱり生徒たちはどういうことをしてるかっちゅうのは分かってもらいやすいんで．ですから，川掃除あるっていうのを役場の方で行った時に知ったんで，2年目から生徒に話したら，行っちゅう子もいてたんで，『それやったら行こか』．その当時はもう，個人的に，教頭・校長とか，事務長とかに相談して行ってたんですけど．幸いにこれは向こうが保険掛けてくれてたんで，向こうに乗っかって，『高校生が参加します』と．それから徐々に，山行ったり，向こうから声かかってきてマラソン大会行ったり，運動会行ったりということで，特別，何っていうんですかね，地域の何かと相談して組織的にっていうのはなかったんですよ．それが，少しずつですけど，声かけてくれるようになったんで，それやったら学校の中も，だから，同

<u>好会作らんかとか.</u>」

③「ふれあいマラソン大会」（1000人規模）の補助（2005年から参加）
　貴志川大清掃での高校生の活動が認知されるようになり，コース補助や給水補助から始まり，ゴールや表彰式の運営，コンピュータによる記録処理（足にマイクロチップを付けて走るため）など，教職員・生徒を含めて20人程度で活動している．

④ 小川小学校の学校行事（運動会）の支援活動（2008年から参加）
　町内の小川小学校（児童数30名弱）の運動会で，準備や競技，片付け等に，教職員や保護者だけでは対応しきれなくなってきた，人手が足りなくなってきたということで，5，6人で活動支援に行っている．

⑤ 小学校でのよみかたり
　小川小学校と下神野小学校で，年間1日だけ各1回ずつであるが，よみかたりの活動を行っている．和歌山県がよみかたりの高校生養成講座を行っており，それを修了するとボランティア登録されるシステムになっている[5]．登録ボランティアに対して小学校から要請が届くようになった．

⑥ 講演会の主催
　希少植物保護活動で関わりを持つようになったNPO法人と連携・協力して，1年生対象に，6月中に40～45分程度の講演会を行っている．

(3) **実践上の課題**
　これらの活動を展開していく中で，様々な課題が表出してきている．ここでは，その中でも特に，移動に関わる課題，安全確保に関わる課題，学校の統合に伴う課題，この3点に絞って検討する．

① 移動に関わる課題
　学校の立地条件で確認したように，周囲を山に囲まれていること，また，活動も山奥で行うことが多くなると，活動場所への移動について，公共交通機関，あるいは生徒自身の自転車と徒歩などでは限界がある．それに金銭的負担や時

間的問題も付随してくる.

　後述する安全確保に関することとも関連してくるが，活動先までの生徒の移動が容易でなくなると，教師の危機管理意識・能力も問われることになる．身近な周辺地域に医療機関等がある都市部で活動する場合はそれほど強く意識する必要はないかもしれないが，中山間地域での活動となると，不測の事態に備えた対応が求められる．

「ちょっと奥の方まではよう行かない．生徒を動かすので，直接行けっちゅうわけにいきませんし．ですから，生石山へ行く時はマイクロバスを頼んで，学校からお金出してもらって行ってます．（中略）海南駅ってここ，その北に黒江，黒江駅ってJRの駅あるんですけど，海南駅からバスを出すから，そこまで生徒を送り迎え，送迎に使ってます．」

「例えばこの子たちであれば，自転車で学校まで来てくれる．ですから，特にこのボランティアに関して言うと，JR使って，あと，バス乗り継いでここまで来る子たちっていうのは，参加はなかなか見込めないです，やっぱり．学校へ通学するということで電車・バスで来ますけど，それを今度，土曜・日曜とかに，その時間出てくるというのはやっぱりちょっと，参加はかなり厳しいんです．それと，一緒に行く教職員もやっぱり，そうですね，このマラソン大会に行く時が一番教職員参加してくれるの多いんですけど，それでも4人，5人ぐらい．それに対して，やっぱり生徒が20人弱ぐらい来まして．ほかはもう，私と，あと，誰か行ってくれる人がいてたら，生徒送迎ではなく，行った先で何かあった時動かせる車として，車2台で行くとか．ですから，先生方も意識っていうのを生徒以上に持たないと，やっぱりちょっと難しい活動ですね．先生自身もボランティアで行くことになりますから．」

② 安全確保に関わる課題

　自然の中での活動が中心になるということで，安全面への配慮も重要になる．活動内容を勘案すると，危険を伴うことも予想されることから，よりいっそう生徒の安全確保が重要になる．中山間地域での自然現象（落雷，突風，暴風雨など）への対応について，生徒はもちろんであるが，教師自身も安全講習を受けるなどして意識を高く持つことが求められる．

　それとも関連して，万が一に備えて，保護者の理解を得ることも求められる．活動場所が学校外であることや活動内容などを考えると，保護者にも了解を求めることは重要な要素である．これについて，大成高校では，事前に保護者宛に活動計画書（日時，内容，場所，連絡先等明記）を提示し，参加承諾書をもらって活動する形式をとって対応している．

　「貴志川大清掃は役場の方とか町民の方がやるんですけど，役場のほかに紀美野町ではなくて，実行委員会を別立てに作って，そこが1日の傷害保険を掛けてくれる．それ以外で，例えば生石山へ山登り行くとか，小川小学校の運動会行くとか，林業体験という，実際にやっぱり，どの辺になるんか私もよう分からんですけど，山の上の方へ行くんですよ．そういうのに関しては，保険を高校が独自に，保険屋さんに来ていただいて，事情をお話しして，5，6人や10数人やったり，そういう数でも引き受けてもらって，保険を別に掛けて行きます．
（中略）今年はね，部になったということもあったのと，来年から学校，こっちの事務室が向こう移りますんで，クラブの活動ということで『出張伺い』出して，出張として一応認めてもらって行きます．そうすると，体育振興会っていうのが学校組織の中にありまして，教育活動の中で事故・けががあった時に，それが保険代わりになるんですよ，治療費とか，医療費とか．最悪の場合の保険まで含んでますんで，それは，出張ちゅう形で行きました，今年から．今年は取り立てて保険は掛けなかった．去年までは毎回保険掛けて行ってました．やはり，けがとか事故があったとき一番

怖いんで．で，何ら報酬っていいますか，見返りが全くない状態で行きますんで，行く生徒たちも中途半端な気持ちでは行ってないんで，今までは事故とかなかったと思うんですけど，これを，例えば『クラス単位で動かせやんのか』，といろいろ言われるんですけど，ちょっとそうなると，生徒が事故・けがになった時，可能性っちゅうのがね，かなり大きくなるんで．普通に遠足とかね，校外学習とかも，全校生徒，あるいは学年単位で行きますけど，そういうのではなくて，ほんと貴志川とか，生石山の上なんかに行った時でも，やっぱり自然災害って言ったら極端ですけど，山の上行ったら山の上へ行ったで，この時期，雷とか何が起こるか分かりませんから．だから，募集して，自分の意思で行くという子たちを集めてっていう形ですね．それは崩さんようにしたい．その辺でごみ拾いっちゅうわけにいきませんので．」

③ 学校の統合に伴う課題

　学校の統合と関連して，活動範囲についても検討する必要が出てきている．従前は，活動場所への移動や活動の効率性を加味して，紀美野町内での活動を重視していた．結果として，それ以外の近隣地域での活動は控えることになった．

　しかし，統合に伴い，近隣（特に海南市）での活動を視野に入れるべきか否かが検討課題となってきた．海南高校にもボランティア系部活動としてJRCがあるため，そことの調整が必要となる．学校の周辺環境が異なれば，そこで展開できる活動も変わり，活動内容や教師の役割，地域との関わり方，ボランティアクラブとJRCの連携の在り方など，様々な問題が出てくる．

「町外に関しては全く無視して．町内のことに限ったクラブっていうかね．今度，海南高校になってくると，海南市内なんですね，向こうの学校は．同じ学校になったら，今までみたいに紀美野町だけを対象にしてってええんかなっちゅう気もあるんですけど，海南市っていうのも範囲に入れるん

<u>かどうか</u>，いろいろあるんですけど．」

⑷ 過疎地にとっての高校・高校生の存在

　紀美野町のように少子高齢化が進み，過疎化が進行している地域にとって，そこに所在する高校や高校生の存在は，社会関係資本・生活関連資本として看過できないものとなっている．社会教育施設に着目すると，紀美野町内には，中央公民館1館，地区公民館2館，文化センター1施設，自然体験世代交流センター1施設，区民センター1施設，セミナーハウス未来塾1施設，この7施設がある．各公民館内に図書室はあるが，図書館や博物館はない．司書や学芸員などの社会教育専門職員もいない．その意味で，大成高校は町の文化施設としての役割が期待され，高校生はもとより教職員に寄せられる期待も看過できないのである．

　ボランティア実践の具体的な活動内容で概観したように，高校生が地域の活動に関わることは，それだけで町の活性化につながるという側面がある．また，学校の存在は，過疎地域の人々にとって，ライフラインの一つともなっている．

「最初，ほんとに，この野上町に高校がある．地元に，何というかね，過疎の町だから，<u>若い子たちっていうのはここしかいない</u>．だから，うちの子らが何らかの形でボランティアとして協力することができたら，町にとって動きやすくなるんじゃないかなということですね．」

「<u>確かにここの学校がなくなるとね，この町っていうか，この近辺，かなり打撃を受ける</u>と思いますよ．それと，ここ，昔は電車（野上電鉄）走ってたんですよ．和歌山電鐵貴志川線ってご存じないですか．ここの一つ向こうに，和歌山駅っていうとこから貴志駅っていうとこまで10何キロ走ってる電車があるんですけど，あれは南海電鉄がやってたんですけど，年間何億の赤字出すんで，累積かな，何億の赤字になってるんで，廃線にするって言うた．その時に，この地域を走ってる電車（野上電鉄）が10数

年前に廃線になったんですけど,もうその電車があるか,ないんかで,町の活性が全然違うんですよ.さびれる一方なんです.バスは走りますけど,バス代結構高くつくんで.で,向こうの貴志川線のときは,地域の住民,全住民と和歌山市と貴志川町っていう町自体も残してくれって.それが岡山県の電鉄会社が名乗りを挙げて引き受けてくれるっちゅうことで残ってるんですけど.だから,それらとおんなじぐらいのダメージを受けると思うんです,ここの学校がなくなると.生徒自身も,行く学校が一つ減るんで,遠い学校行かなあかんちゅうのがありますし,そやから,残ってくれたことに関してはよかったと思ってるんですけどね.」

　地域に根差した高校として受け入れられるために,学校側から様々なアプローチがなされている.

　具体的なボランティア実践でみたように,貴志川大清掃などを通して開かれた学校づくりが進められている.そのほかにも,毎月学校が発行する（ボランティア活動等も含めた内容）新聞は,紀美野町内全域と海南市内の小中学校に配布されるようになっている.これにより,地域住民は,イベントの時だけではなく,日常的に学校の様子を知ることが可能となっている.

　また,授業での取り組みにも注目すべきものがある.学校設定教科・科目として「地域環境Ⅰ」「地域環境Ⅱ」が設定され,理科や公民の先生が中心になって,紀美野地域に限定して地元を知る授業を展開している.生徒の出身地構成とも関連してくるが,ボランティア参加に関して,地元の生徒よりも離れた地域に住んでいる生徒の方が多いという実態がある.そこで,この「地域環境Ⅰ」「地域環境Ⅱ」によって自分の住んでいる地域ではなく,学校の所在する地域について理解を深め,愛着を持つように促す効果がある.

　こうして地域に根差した学校づくりを進めた結果,学校の存続を地域から支えられることになった.

　過疎地域に所在する小規模校は,統廃合の対象となりやすいが,大成高等学校も例外ではなかった.しかし,貴志川大清掃の活動とも関わって,地域住民

が地元の学校に親近感を持つようになったことが，学校を残そうという運動の要素になったと言われている．ボランティア同好会（当時）が中心になって活動を運営していったことが学校の存続につながったといっても過言ではない．

「実際のとこ言うと，募集停止になるとこやったんです，最初は．県教委から発表された時は．もう募集停止になっても，ここの学校自体がもう消えてしまうんですよ．だから，ここの紀美野町，その時は野上町ですか，合併前ですね，このうちの，どの，町議会とか，町民の人から，やっぱり大成高校を残してくれっちゅう運動が起こったんで，教育委員会も苦肉の策って言うたら怒られるんやけど，隣の学校とひっつけて，校舎っていう形で残すちゅうふうなことにはなったんですけど．やっぱりこれの活動っていうのが結構大きいとは，周りの人からは言われます．だから，この子たちっちゅうか，この子らの先輩からずっと，5年，6年こういうのやって，生徒が外へ出てボランティアやってくれると，それが町のやっぱりこういう活動とか，民間ですけど，NPOの人たちとのつながりっちゅうのがやっぱり，4年，5年と短いんですけど，できてきて，それが先細りではなくて，ちょっとずつパイプが太くなっていったんで，何ちゅうんですかね，学校が残ってくれたら，町も多少は元気でやっていけるし，みたいな…．」

3　実践から得られる知見

　大成高校の事例を検証して，ボランティア・コーディネート機能を担うボランティアクラブが存在すること，地域に根差した活動を展開していること，中山間地域での活動であるがゆえに課題となる移動や安全確保，学校の統合に関わる問題があること，高齢化・過疎化が進む地域における高等学校・高校生の存在意義などが明らかになった．

　ボランティア実践に着目すると，地域に密着した活動が展開され，高校生だけの活動として完結するのではなく，地域と連携した活動になっていることが

わかる．つまり，自己完結的な活動ではなく地域還元的な活動になっているのである．活動内容も，高齢者施設や障害者施設を訪問するといったタイプのものではなく，自分の住んでいる地域で，地域清掃や交流活動，イベント支援など，地域住民に必要とされる活動，地域社会に有用な活動に取り組んでいる．こうした活動は，高校生のボランティア観の形成にも影響を与える．何か特別なことを特別な時に特別なところで行う活動であれば，活動に対して心理的に距離感が生まれやすい．それが，日常生活に密着した活動であれば，ボランティア活動が生活の一部になり得ることになり，活動を特別視することなく，身近なものとして捉える効果が期待できる．社会教育施設の設置状況を鑑みても，決して社会資源に恵まれた地域であるとはいえないかもしれない．しかしながら，限られた社会資源を有効に活用した活動が実践されており，そうしたボランティア活動が中山間地域で実現可能な実践であるといえる．

　なお，その背後に，教科（「地域環境Ⅰ」「地域環境Ⅱ」）による地域を知る学習が行われていることが看過できない．大成高校の生徒で紀美野町出身者は２割に満たない．自分の居住する地域と学校の所在地が異なり，地域アイデンティティが持ちにくい状況下で，紀美野町を自分の地域として認識できるようになるには，まず，知ることが必要である．それが教科の学習として行われているからこそ，実践としてのボランティア活動が地域に根差したものになるのである．

【注記・参考文献】
（１）全国ボランティア・市民活動振興センター「ボランティア活動年報2005年」
（２）学校所在地の概要について，紀美野町ホームページを参照した．
　　http://www.town.kimino.wakayama.jp/somu/000007.html　2010年8月16日閲覧
（３）人口，高齢者比率について，2005年国勢調査における合併前の野上町と美里町のデータを合計，算出した．
（４）祐成善次「ボランティア・コーディネーターについて」『ボランティア・コーディネート』社団法人日本青年奉仕協会，1997年，pp. 14-16．
（５）和歌山県では国語力の向上を目指し，読書活動の推進事業を進めており，そ

の中に「高校生よみかたりボランティア事業」がある．2004年から開始された事業で，絵本や紙芝居，民話等を読み聞かせる技術を修得し，小学生に対する読み聞かせ活動を積極的に行う高校生を育成するものである．地域の小学校はもちろん，社会教育施設等でも読み聞かせによる交流活動を行っている．

第3節　伝統・文化を活かした実践
―徳島県立板野高等学校の事例―

　阪神・淡路大震災（1995年）におけるボランティアの活躍が世間の耳目を集め，1995年はボランティア元年と称されるようになったのは周知のとおりである．また，第52回国際連合総会（1997年）での日本の提案により2001年がボランティア国際年とされ，様々な取り組みが展開された．こうした動向の中で，青少年がボランティア活動に取り組む意義が認識され，活動環境の整備が進められるようになった．

　例えば，1998年・1999年告示の学習指導要領をみると，特別活動や総合的な学習の時間などにおいてボランティア活動の文言が初めて明記された．2008年・2009年告示の学習指導要領にもボランティア活動に関する記述がある．また，2001年の学校教育法や社会教育法の一部改正では，「体験的な学習活動，特にボランティア活動など社会奉仕体験活動，自然体験活動その他の体験活動の充実に努めるものとする．」（学校教育法第31条），「青少年に対しボランティア活動など社会奉仕体験活動，自然体験活動その他の体験活動の機会を提供する事業の実施及びその奨励に関すること．」が市区町村の教育委員会の事務に追記された（社会教育法第5条）．それから，2003年には青少年育成推進本部決定として青少年育成施策大綱が策定され，社会情勢等を勘案しながら2008年には新しい青少年育成施策大綱が定められた．その中でボランティア活動にも言及されており，「青少年教育施設等におけるボランティアに関する事業等を実施し，青少年がボランティア活動を通じて市民性・社会性を獲得し，地域社会へ参画することを支援する．」とされている．

　青少年育成のための基本的な指針としてボランティア活動が示され，学校教

育と社会教育双方において実践の場が確保されることとなった．その成果として，各地で特徴的な活動が行われ，報告されるようになった．

社会生活基本調査（総務省）のボランティア活動（1996年調査は社会的活動）の行動者率で，高校生世代（15～19歳）に着目すると，1996年調査15.6%，2001年調査24.0%，2006年調査23.0%となっている．学校教育などでボランティア活動に取り組む機会が提供され，活動環境の充実化が図られているものの，それがボランティア活動への参加率向上に結実していないと解釈することも可能である．

青少年のボランティア活動の質的な深化とともに量的な拡大を図るためには，専門的な知識・技術を持たない，いわゆる普通の高校生の取り組みを促進していくことが肝要である．その意味で，普通科高校における実践事例の蓄積を進め，その実情や成果・問題点などを共有することが喫緊の課題である．そこで本節では，そうした普通科高校における取り組みに着目し，実践事例の蓄積の一助にするとともに，普通科高校のボランティア実践の深化・拡大・定着のための方途を検討するものとする．

1 学校所在地及び学校の概要

(1) 学校所在地の概要

板野高校の所在地である徳島県板野郡板野町は，1955年に板西町，松坂村，栄村の1町2村が合併してできた町である．北に讃岐山脈，南に吉野川平野が広がり，農業が基幹産業となっている．2005年国勢調査によると人口14,519人，世代別の人口構成をみると65歳以上の高齢者比率が22.9%となっている．

板野町内の学校は，幼稚園3園，小学校4校，中学校1校となっている．社会教育関連施設は，公民館2館，町民センター・文化の館・健康の館・ふれあいプラザが各1施設である．それから，お遍路で有名な四国八十八カ所の霊場が3つ（亀光山金泉寺，大栗山大日寺，無尽山地蔵寺）ある．

(2) 学校の概要

1906年設立の蚕業学校が1913年に板野郡立農蚕学校と改称され，その後，1923年に県立移管され徳島県立板西農蚕学校，同校付設実業女学校となった．1948年に女学校を板西高等学校，農蚕学校を板西農業高等学校と改称し，1949年に両校を母体として板野高等学校ができる．分校の廃校や専門学科の生徒募集停止を経ながら，1982年に普通科単独校となった．2004年の新入生から単位制を導入し，二学期制をとるようになった．

学校規模（2009年5月1日現在）は，1年生から3年生まで各5クラス，全15クラス・517名である．生徒の出身市町村では，隣町の藍住が200名（38.7％），板野が113名（21.9％）で，この2町出身者が6割を超える．通学状況では，自転車通学が453名（87.6％），通学距離4キロ以内が228名（44.1％）である．教職員は，54名体制である．2009年9月11日に訪問し，教務課長と聞き取り項目に基づいた半構造化面接（約60分間）を行った．なお，事前に送付した聞き取り項目一覧には，① 教科での取り組み，② 特別活動での取り組み，③ 部活動での取り組み，④ 教員の支援の在り方等について具体的に聞きたい旨を記した．

教育方針に関して努力目標が示されており，その中の特別活動について，「自立的・主体的に取り組むボランティア活動を含めた生徒活動の育成」が示されている．また，学校案内には「学校周辺の清掃活動や札所での「お接待」などのボランティア活動，正しい人権感覚や意識を身につけるための人権教育の推進など，心の教育も重視しています．」とある．

2 結果と考察
(1) 教育課程における取り組み
① 教科

学校設定科目として，「現代テーマ研究」「徳島研究」が位置づけられており，学校の所在地である徳島県や板野町について知る機会が設けてある．前者では板野町，後者では徳島県に焦点を当てた授業構成となっている．「現代テーマ

研究」に関して，次のように述べられた．

「こんなタイトルですけど，この市町村という学区，例えば板野町とか，藍住町とか，そういうふうなものの行財政っていうか，そのデータ，町民の何とかとか，そんなんをすべてピックアップをして，教員が自らテキストを作って，それで，例えば板野町の現在の財政はどんなものかとか，それとか，その財政の占める何とかの割合とか，子どもの数やったり，これからの動向っていう，この人口の増減だけでいえばね，そういうふうなことを社会の先生がまとめて，結構やってますね．<u>ボランティアとはちょっと関係ないですけども，地域の現在の抱えている，今この市町村が抱えている問題であったりとか，そういうふうな問題についてやってます．</u>」

「徳島研究」では，阿波国成立から今日に至るまでの歴史的動向を踏まえ，シラバスに「民主的，平和的な社会の一員としての自覚と，郷土に誇りをもって生きる日本人としての資質を養います．」（学習の到達目標）とあるように，現代社会におけるよりよい生き方につなげる内容となっている．
　「ボランティアとはちょっと関係ない」（上記口述記録のアンダーライン部分）とされているが，自分自身の生活する地域について多面的に理解することは，何か行動を起こす際には必要不可欠なことであり，後述する「お接待」の取り組みの前提になっている．

② 特別活動
　特別活動の中の学校行事において取り組みがなされている．勤労生産・奉仕的行事として，清掃活動を行っているが，お遍路道の清掃ということで，「お接待」とも関連した地域独自の実践である．また，ホームルーム活動の一環として取り組んでいる場合もあり，「お接待」が学校としてのボランティア活動に密接に関わっていることが推察される．

「学校全体で，一応全員には声かけるんやけれども，学校全体がまず何人もが動くっていうのは清掃奉仕ですよね．お遍路道っていいまして，ぐるーっとお遍路さんがこう歩いて行く道をね，年に，1回，2回，7月と12月ですかね，<u>それの清掃活動で全員が参加したりとか，そういうふうなことで全生徒が取り組んでいるものもあるし，クラスで，逆にそういうふうにボランティア活動っていうふうに計画して，取り組んでいるクラスもあるし，</u>いうふうな形で，『お接待』とかも有志で．」

「『お接待』もクラスで実習したりとかね．もちろん，するのは土曜日，日曜日にするんですけれども，そういうふうな計画で，<u>何をこういうふうにしてとかね，ものを作ってこれらを『お接待』しようとかというふうなところまで考えるクラスもあります．</u>」

(2)「お接待」の実践

　教育課程の取り組みの中で，「お接待」という言葉が何度も出てきている．これは，板野高校の所在地の概要で確認したように，学校周辺にお遍路で有名な四国八十八カ所の霊場があることと関連が深い．特別活動や部活動での取り組みもあり，板野高校の実践の柱といっても過言ではない「お接待」に着目する．

「3月20日春分の日，お彼岸を迎えると，札所にはお遍路さんがたくさんやってきます．板野高校では春分の日に，音楽お接待をしています．音楽部が演奏する『おぼろ月夜』『荒城の月』『春』などの曲を楽しんでもらいながら，阿波茶番を味わっていただき，家庭クラブ員の手作り巾着を配らせていただくというものです．板野町には3番金泉寺，4番大日寺，5番地蔵寺がありますが，今年は地蔵寺でお接待をしました．お接待をしていると，さまざまな方との交流ができてとても楽しいです．中にはお礼状を送って下さる方もいらっしゃって，活動の励みとなっています．」

　　（板高ニュース第6号，平成21年7月20日発行）

「お接待」とは,「遍路している人を助けるために,米・味噌・野菜の食べ物や,わらじ,手拭,ちり紙などの必要品を与えてねぎらう風習」であり,四国遍路の過酷さから,「健康状態を最後まで維持することはきわめてむずかしく,遍路する日数が増えれば,それだけ病者,行き倒れも多くなる.それ故,遍路者を信仰心厚い求道者として遇する社会の同情も消えることはなかった.接待は江戸期にかぎらず,明治・大正・昭和とつづき,それは四国霊場特有の一つの風習となった.」とされる[1].

下記にもあるように,お遍路さんが快適に霊場を回ることができるようにサポートする,ちょっとした気遣い・心遣いが「お接待」の根底にある.また,地域性を活かした特徴的な取り組みであることもわかる.活動の内容からして,地域に密着した活動,換言すれば地域を知らなければできない活動であり,地域を知るという意味では副次的な効果も含まれている.学校設定科目「徳島研究」における理論知が「お接待」による実践知につながっている.

「お寺さんのところでね,例えばお茶とかね,要するにおしぼりであるとか,あめとかね,それとか巾着袋とかね,そういうふうな物をお渡しをして,ちょっと休息をとっていただくっていうかね.例えば地域の人なんかだったら,ぼたもちを作ったら,そのぼたもちをこうお接待で差し上げたりとかいうふうな形で,88カ所を参られる人々に少し和んでもらおうと思ってね,いろいろ,おむすびを差し上げたりとか,そういうふうなのが四国の霊場でのお接待という文化といいますかね.」

「ほかの学校さんでされるような,例えば老人養護施設であるとかね,そういうふうなところには普通に行ってますけどね,それ以外の部分において非常に特徴的なのが,お接待という.徳島県も実際,お接待の文化とかね,徳島県の広報でも,このお接待が送られてね.徳島県の知事も,そういうふうなことで『やってくれ』って来たりとかしてますけどね.」

実践の時期としては，学校行事として定期的に行ったり，ホームルーム活動の一環として不定期に行う場合もあれば，有志が土曜日・日曜日といった休日に活動することもある．
　有志の活動は教育課程外の活動であり，そこに義務性・強制性はない．その活動に着目すると，休日の活動だけが単発的にあるのではなく，その活動のための準備を教科（家庭科「服飾文化」）で行っている．お遍路さんとの交流など，「お接待」に直接的な関わり方をする生徒は一部であるが，提供する巾着袋づくりを通して，すべての生徒が間接的に関わっていると解釈できる．また，教科における学習成果が「お接待」を通して地域に還元されていると捉えることもできる．

「家庭科なんかででも服飾文化いう授業をやった時に，そこでお渡しするような巾着袋をね，授業の一環として縫って，それをお渡しするとかね．（中略）基本的にはもう土曜か日曜日です．学校の授業時間とか，そんなのではなくて，土曜，日曜の，特に春とか秋の参拝客の多い時に行かせていただいて，いろいろお寺さんの説法っていうんですかね，それを勉強させていただいて，そして2時間か3時間ぐらい，ちょっと『お接待』をさせていただくというふうな形で．」

　「お接待」当日の活動に前後して，事前学習と事後学習も行われている．
　事前学習に関しては，放課後を中心に行われている．「お接待」をするに際して，どういう準備をして，どういう活動をするのかといった基本的なことはもちろん，学校外の地域住民やお遍路さんといった一般市民との関わりが多くなる活動であるため，お寺での行動も含めたマナー指導が不可欠となっている．
　事後学習では，感想文の作成を中心に，お遍路さんからのお礼状などを提示しながら，活動を振り返っている．参加者にリピーターが多いことを活かして，振り返り記録の蓄積を図り，地域に対する認識や自分自身のキャリア形成などにどのように寄与していったのか等を検討する余地がありそうである．なお，

両学習とも，明確に学習時間を設定して行うというよりは，参加する生徒の意識・実態に合わせながら柔軟に対応しているというのが実情である．

「やってるの，放課後ですね．放課後とか，ほとんど放課後やね．（中略）かなり前からその準備とか，どうこうってのが出てきますので，そのごとに集合をかけて，その進捗状況であったりとか，何をするかっていう計画を，生徒らを集めて計画させたりとかいうふうな形で実際こうしてます．だけん，することによりますよね．例えばお寺なんかだったら，こういうふうにせないかんとか，ああいうふうにせないかんとか，そういうふうなことなんかの場合には，あらかじめ我々が何回もお寺にお話聞いとんで，もうそのお寺の人を招いてするとかになって，教員が仕切ったりであったり，同行とかするような形に関しては，説明をするような形で．（中略）

もう事後学習は基本的に，生徒の感想をとにかく言って，書かせていきたいと．で，お便りとかいただいたら，それらをコピーをして，生徒に配布をしたりとかいうふうな形ですね．（中略）

言葉悪いですけどね，臨機応変．実態はそういうふうな形になってますけどね．いろいろな経験をさせてやることによって，その時の成長の感想とか動向を見てくるとね，ああ，やっぱりやってよかったんかなあとかね，そういうふうな程度で終わっているっていうのが正直なところかもしれません．この場合は，2回目，3回目いうような場合にチャレンジができて，さらに人間的にどういうふうに成長してきたか，どういうふうな進路を選ぶんかっていうふうなところまで，ほんまはね，させてあげたら非常にいいんですけれども，やはり地域的な問題とか，いろいろあって，そこまではできないというふうに思います．」

「お接待」による活動成果は，リピーターの多さに表れている．生徒は，地域の人，あるいはお遍路さんとの活動中の触れ合いや交流を通して活動の喜びを実感し，また，その後に受け取るお礼状により改めて社会的有用感を獲得で

きていることがその要因であると思われる．そのため，活動リピーターが多く，学校側は人選に苦慮することがあるなど，通常ではあまり考えられない状況になっており，ボランティア活動という認識があるか否かは別として，活動の喜びと取り組みが根付いている．ただ，そうした生徒の素養として，もともと何事にも積極的で，ボランティア活動にもそれが反映されていることは否めない．

「ほんで，結構お年寄りの方とかね，ツアーで，もう今度40人とか，春，秋になりますとね，バスで88回られる人とか，いったん退職されてる方，そういうふうな方々が回られるんで，結構喜んでいただいてね，そのお礼状とか，そんなんいただいて，『ほんまにここ来てよかった』とかね．ストレートに，やってよかったっていうのが伝わるっていう意味においてはね，生徒も1回目だけ，2回目も3回目もやりたいという生徒が非常に多くて．毎回，逆にいうたら，人選したりね．（中略）

あんまり人多過ぎても逆に邪魔だった経験．それ，経験者はちょっと置いといてもらって，初めからの生徒をとかいう形でさしてもろうたりとか．（中略）

そうですね，多くても20人．それで，一番スマートにすんで10人から15人までです．大体，そやけど，希望者とか同行で，初めての子らの場合には，もう20人ぐらいでもやむをえず，ずっと一緒しますけどね．（中略）

ボランティアをしたいっていう子，あえて休みの日にそういったものに参加したいっていう子っていうのはね，やはり何でも，基本的には，積極的に自分自身を一つの活動の中でやっていきたいっていう子やけんね，はい，できますね．全くできない子は，逆にいうたら，有志やと参加しないですね．」

(3) 人権サークルの存在

　部活動における取り組みとして，街頭募金活動等を中心に活動するJRC部，幼稚園や保育所，福祉施設での活動や「お接待」を中心に活動する家庭クラブ，養護学校との交流等を中心に活動する人権サークルなどがある．その中の人権サークルに着目する．

　板野高校のある徳島県は人権教育が盛んで，徳島県教育委員会が作成した『人権教育指導者用手引書 "あわ" 人権学習ハンドブック』（2007年）を活用した教職員向けの研修・講座が開かれている．生徒レベルでは，「県内の中学校・高等学校及び特別支援学校の生徒が交流し，人権について語り合うことをとおして，人権尊重の理念についての理解を深めるとともに，人権意識の高揚を図り，様々な人権問題を解決する実践力を身につけた生徒を育てること」を目的とした「中・高生による人権交流事業」[2]が行われている．

　人権サークルは，そうした環境の下で，人権関連の活動に特化しながら地域に根差した実践を展開している．また，上記の事業があることによって，学校の所在地である板野町での活動を基盤にしながら，徳島県内の高校生同士の交流を通して，より広域的な視点で問題意識を持つことが可能となっている．

　なお，本節で着目している「お接待」も，人権教育との関連がある．「お接待」の歴史を紐解くと，かつては，「お接待」をあてにした職業遍路が存在しており，その内実は，故郷を追われたハンセン病患者等の重病人や貧困による難民であった．そうした人々も「お接待」を通して支援していることから，「お接待」の実践に人権教育の系譜があると捉えることができる．

> 「徳島県って，結構人権っていうのは小中高と結構熱心にやってる県なんですけれども，それぞれ各学校に大体，人権サークルっていうのが一つ，部活動があるんです．そんで，その中で今取り組んでおられてる国府養護学校さんとの交流でありますとかね，それとか，この人権のグループで何かのボランティア活動に，募金活動に参加したりとか，いろいろそういうふうな，それとか，町の何とかの人権の講演会とかのお手伝いに行ったり

とか，そういうふうな形で続けてますね．もう今は問題っていうのが人権っていうふうなひと括りだったんですけど，今は逆に，障害者問題であるとか，いろいろ人権問題ってありますね．そういうふうなものをひっくるめたような形で今活動してますね．（中略）

　各校で連絡協議会ですね．教員同士はもう月に1回は必ず，出張とか，そういうふうな会がありますし，生徒なんかも各学期に少なくとも1回はありますね，交流会が．特別活動なんかだったら特活のセミナーいうてね，青少年何とかで，各学校から1名ないし2名と引率の教員が行って，その交流会が年1回夏休みにあったり，それの一環として必ず徳島県内に一斉に集まって，その交流会のようなものが年少なくとも1回，ブロックごとには各学区1回ずつぐらいは必ずやる.」

(4) **実践上の課題**
① 地理的な限界

　都市部の方が活動情報・ニーズはたくさんあるが，移動や関連した活動時間などを勘案すると高校生にできる活動は自ずと限られてくる．例えば，板野高校の最寄駅であるJR板野駅からJR徳島駅まで，普通列車で30分程度であるが，放課後の時間帯に相当する15時・16時の時間帯は1時間に2本（そのうち1本は特急列車で別料金が必要），17時の時間帯は1時間に3本（そのうち1本は特急列車）である．ここでも，都市部の高校生は活動環境に恵まれ，取り組みやすいが，非都市部では状況が異なり，ボランティア活動の二極化，あるいは，ボランティア・ディバイドが発生することが危惧される．

「徳島市内ですと，結構社会福祉協議会がこういうふうなボランティアを募集っていうんで，一月に30も40も，50ぐらいあるんです．インターネットなんかを見ても，社協からこういうふうなことを行います，ボランティア何名とかね．（中略）市内の子らは積極的に参加できるんやけれど，ちょっと離れてしまうとなかなかこういうふうな機会っていうか，距離も

ありますんでね，簡単になかなか参加できないっていうかね．こういうふうな部分も生徒にとってはちょっとかわいそうだからというふうに思う．」

「これでね，なかなか徳島市内とか，かなりボランティアをしたいっていう，ボランティアのする内容もあるんだけれども，なかなかこのために参加できない．例えば高大連携で徳大の公開講座受けたくても，汽車の便利が悪いんで（中略）

市内の子だったら自転車で行ける．そういうふうなやっぱり距離的なデメリットってのもありますよね．（中略）

逆に，地域では，一生懸命こういうふうな活動で，情報も開示しながら，提示をしながら，こういうふうに熱心に市町村がしてくれると，我々も非常に参加しやすくなるんやけれども，徳島市内は結構こんなんがね，鳴門市内とか，結構大きい市町村では，社協とかあんなんがしっかりしてますんでね．（中略）

非常に参加しやすいけど，なかなか地方になりますと町の方からここに人が，派遣というか，配属されるとかしてやっぱりね，専門的な人でもないし．」

生徒の通学状況からもわかるように，多くは自転車通学であり，活動先への移動も自転車の場合がほとんどである．移動手段が限られると活動範囲も制限される．その中で多種多様な活動ができればよいのだが，非都市部では現実的には難しい．教師が活動内容を考案・開拓するにしても限界があるため，地域社会の諸資源を見つめ直し，発想の転換を図りながら活動に広がりを持たせることが求められる．

「現地集合ですよね．現地集合，現地解散ですよね．道具とか用意する物は教員が一応全部運びます．トラックとかそんなんでね．そんなの全部学校で教員が運びます．生徒にこっちに用事させて，で，生徒も乗せて，一

応こういうふうな生徒はあれですけれども，お配りするとか，こういうふうな生徒に関しては，基本的にもう現地集合です．」

「ちょっと板野町なんかではそういうような環境に恵まれていないっていうかね．やっぱり逆に，福祉というか，そういうふうなことにしっかりした市町村であれば，高校生とか中学生でも参加できるようなメニューっていうかね，ボランティア活動が提示されているような部分があれば，もっと参加しやすくなるんでしょうけど，市町村との動向っていうのは結構関連してくるように思いますね．それ以外に関しては，基本的に教員が見つけてくるっていうかね．」

② 安全性の確保

「お接待」にしても，それ以外の活動にしても，学校外での活動が中心になる．そのため，生徒の安全確保も重要になる．生徒の主な移動手段が自転車であることを加味するとなおさらである．

学校の教育活動として取り組む場合は日本スポーツ振興センターへの手続きで対応できるが，グループや個人で自主的に行う場合は対象とならないため，別途ボランティア活動保険に加入する必要がある．このボランティア活動保険加入への費用負担について一考を要する．自己負担が原則であると思われるが，金銭的に余裕のある者は加入して，安心してボランティア活動に取り組むことができる一方で，加入しない・できない者は不慮の事故等への補償がなく，安全性・安心感が確保されないことになる．このことから，ボランティア活動に関する金銭的・心理的格差が生じること，また活動したくてもできない生徒が出てくることを危惧する．それを回避し，活動支援をする意味で，学校が把握している範囲だけでも，自主的に活動するグループ・個人の保険加入費用の負担を視野に入れることが求められる．

「ボランティア保険には加入はしております，すべて．（中略）

一応ね,『お接待』の場合は,教育委員会に届け出て,学校行事として生徒も全部名前書いて,一応,学校保健センター(3)の一つの学校行事として,部活動の延長線上っていうかね,そんな形をとって行ってますので,保険は掛けてません.(中略)

個人的に,我々全部教員もついて行ってますんでね.引率してますんでね.『お接待』にしても,施設訪問とか行く時も,全部,顧問といいますかね,それぞれ学校から,管理職も含めてね,みんなが参加してます.教員も一緒に参加しますんで,その部分は一応学校行事として位置づけにしてますので,ボランティア保険の対象でなかったりとかね,いうふうなことで.」

3 実践から得られる知見

板野高校の実践を,地域の伝統・文化に関わる「お接待」を中心に考察してきたが,地域社会に根差した活動を無理なく行っていることがわかる.普通科高校のボランティア活動活性化のためには,その地域の伝統・文化に着目することが重要である.

教育基本法などの法律等(4)をみると,伝統・文化を尊重しようという姿勢が示されている.日本全国どこでもその地域の伝統・文化はあることから,それを活用したボランティア活動を展開することが可能ではないかと思われる.地域の社会資源である伝統・文化に関わる実践であれば,小学校・中学校・高等学校といった学校種はもちろん,高等学校の学科も関係ない.普通科高校における実践も質的にも量的にも充実するものと思われる.

板野高校に即して考えると,新たな展開の可能性が拓かれている.

板野町には,板野町を含めた2町1区域の豊かな自然,伝統文化,歴史的建造物,郷土料理などを展示物とする青空博物館「あさんライブミュージアム」がある.「地域の光(地域資源)を観る・示すという観光の本来の意味に立ち返り,地域にある様々な資源の価値を見つめ直し,将来に向けてそれらを護り・育てることにより,地域全体を発展させること」が目的とされ,全体計画を担

う運営協議会，案内を担当するボランティアガイド倶楽部，周辺的支援をするサポーターとして地域活性化団体などが運営に携わっている．

　高校生が，「お接待」でのノウハウを活かして，その運営にも関わることができれば，地域の伝統・文化と若者の発想が融合され，地域の活性化に寄与するものと思われる．例えば，人権教育の学習成果を還元することなどは実現できそうである．普通科高校におけるボランティア実践の活性化を検討する意味で，調査研究を継続しながら，今後の動向に着目したい．

【注記・参考文献】
（1）山本和加子『四国遍路の民衆史』新人物往来社，1995年，pp.159-160.
（2）事業の経過に関して，「平成14年度より17年度まで中学生を対象として「徳島県人権を考える中学生集会」を，また，高校生を対象として「人権を語る高校生の集い」を実施してきましたが，中・高生が連携する形となるよう事業を見直し，平成18年度より「中・高生による人権交流事業」として発展的に統合したとされている．
（3）日本体育・学校保健センター（1985年設立，前身は1955年設立の日本学校給食会まで遡ることができる）は，現在では独立行政法人日本スポーツ振興センター（2003年設立）となっている．学校の管理下の事由による負傷，疾病，障害，死亡が給付対象となっている．学校の管理下の範囲は，同センター法施行令第5条第2項第1号において「学校が編成した教育課程に基づく授業を受けている場合」とされ，各教科，道徳，総合的な学習の時間，特別活動が明記されている．特別活動に関しては，「教育活動の一環としてボランティア活動に参加する場合は，本条項号該当と認める．」とされる．また，第2号において「学校の教育計画に基づいて行われる課外指導を受けている場合」とされ，その中に部活動，課外指導として「ボランティア活動に参加した場合」が位置づいている．ただし，「学校が奨励するボランティアであっても，グループ又は個人で自主的に参加するものは含まれない．」とされる．
（4）例えば，以下の法律等がある．
・教育基本法第2条（2006年）「伝統と文化を尊重し，それらをはぐくんできた我が国と郷土を愛するとともに，他国を尊重し，国際社会の平和と発展に寄与する態度を養うこと．」
・観光立国推進基本法第13条（2006年）「国は，観光資源の活用による地域の特性を生かした魅力ある観光地の形成を図るため，史跡，名勝，天然記念物等の文化財，歴史的風土，優れた自然の風景地，良好な景観，温泉その他文化，産業等に関する観光資源の保護，育成及び開発に必要な施策を講ずるものとする．」

・観光立国推進基本計画（2007年）「地域において守り伝えられてきた祭礼行事，民俗芸能，伝統工芸等の個性豊かな伝統文化の継承・発展を守るため，伝統文化保存団体等が実施する伝統文化の保存・活用のための事業を支援する．」
・高等学校学習指導要領総則（2009年）「豊かな心をもち，伝統と文化を尊重し，それらをはぐくんできた我が国と郷土を愛し，個性豊かな文化の創造を図る．」

第4節　社会教育における実践
―山形県「YYボランティア」の事例―

　2009年に告示された高等学校学習指導要領（以下2009年告示）と1999年に告示された高等学校学習指導要領（以下1999年告示）と比較すると，2009年告示では，教育課程，特に特別活動におけるボランティア活動の取り組みがより強調されていることを読み取ることができる．例えば，ホームルーム活動の内容に関して「ボランティア活動の意義の理解」（1999年告示）が「ボランティア活動の意義の理解と参画」（2009年告示）となったこと，生徒会活動の内容に関して「ボランティア活動などを行うこと」（1999年告示）が「ボランティア活動などの社会参画」（2009年告示）となったことなど，参画することまでを視野に入れた記述となっている．

　そこで本節では，学習指導要領に社会教育施設等の活用が謳われていることなども加味し，社会教育分野で成功していると思われる実践から示唆を得ることを意図し，社会教育における実践事例の一つとして山形県の取り組みに着目し，その詳細を検討する．山形県の実践に関しては，これまでも様々なところで報告がされている．例えば，「山形方式」の特徴・現状等の概略と具体的な活動事例を合わせて紹介した論考[1][2][3][4][5]や「山形方式」に関連した「やまがた・ヤングボランティアフェスティバル」や「活動コーディネーター養成講座」「やまがた・ヤングボランティアビューロー事業」等の各種事業を概説した報告[6]がある．また，青少年育成事業の活動事例として社会福祉協議会[7]や公民館[8]との関連から紹介したものや山形県内の地域性を意識した活動事例を紹介した文献[9]などもある．

ただ，これらを概観すると，個々の報告は興味深いものであるが，各々が断片的な記述に留まっているという印象が残る．本節では，雑誌等を中心にこれまで報告されてきた論考を改めて体系的に整理しながら，山形県における高校生のボランティア活動について検討するものとする．

1　方　　法

2009年8月20日に山形県教育庁教育やまがた振興課（課再編に伴い，2010年度より社会教育的領域は新たな生涯学習振興課に移管された）を訪問し，主任社会教育主事（兼）社会教育専門員から約90分間の聞き取り調査を行った．聞き取りに関して，前述した先行研究を基に質問項目を設定し，それらについて半構造化インタビューの形式を採用した．そこでの聞き取り内容及び提供を受けた山形県における高校生のボランティア活動に関する各種資料から整理した．

2　「山形方式」「YYボランティア」の現況

山形県教育やまがた振興課では，2009年度事業の中で，青少年地域貢献活動ネットワーク事業として，YYボランティアセミナー，地域貢献活動情報センターの設置による山形方式の地域青少年ボランティア活動を推進している[10]．本稿では，そこに示された「山形方式」「YYボランティア」に着目する．

(1) 歴　　史

1976年に，公民館主事・派遣社会教育主事の呼びかけで，西川町下堀地区高校生ボランティア会を皮切りに始まったものである．佐久間章（札幌国際大学）によると，「当時の派遣社会教育主事が勤め先の駐車場にたむろしていた3人の若者に「何か面白いことをやってみないか」と声をかけたのをきっかけに，13の高校に在籍する28人が学校の枠を超えて，子ども会を対象にラジオ体操とジョギングを楽しむ「おはよう走ろう会」を実施したのが始まりであるとされている[11]．それが「徐々に広がり，各地域で高校生を中心とするボランティアサークルが結成され」[12]，「山形方式」として知られるようになり，

様々なサークルの活動を総称して「YY ボランティア」として定着するようになった．

なお，やまがた・ヤングボランティア・ビューローのホームページ[13]には，「山形方式」「YY ボランティア」について次のように記されている．

「『山形ヤング（Yamagata Young）ボランティア』の意味で，中学生・高校生を中心に学校の枠を超えて，地域で行っているボランティア活動をいいます．各市町村の公民館等を活動拠点として，企画・準備から運営まで自分たちが『やりたいこと』をじっくり話し合って活動を進めています．（中略）このような活動は他県にはあまり例を見ないことから，『山形方式』として注目されています．」

活動拠点としては社会教育施設（主に公民館）を活用している．教育委員会職員が指導に関わっているため，施設利用等について，一般の社会教育関係団体同様の対応を受けている．活動内容に関しては，全般的に子どもや福祉に関連する内容が多くなっている．

(2) 特　　徴

この「YY ボランティア」には次の4点の特徴があるとされている[14]．
①「学校の枠を超えて」　活動単位が学校ではなく，地域であるということである．そのため，学校の枠を超えた広域的な活動が可能である．
②「地域に根ざした活動」　地域単位の活動が行われるため，その地域の諸課題やニーズを自分自身が身近な問題として捉えることができる．「山形らしい活動としては，一人暮らしの老人に年賀状を送ったり，冬場の雪下ろし」をすることなどが挙げられている．
③「ユニークなネーミング」　高校生自身がサークルの名前をつけているが，地域性を反映させたネーミングや高校生の想いを表現した名前など多彩でユニークである．
④「30年以上の歴史」　サークルの中には地域の中で30年以上にわたって引き継がれているサークルもあり，その地域の象徴となっている．

しかし，実際には，「『山形方式』の名のもとで従来からイメージされていた，公民館などを拠点にしながら，地域に根ざしたボランティア活動を自主的に計画しているサークルは限られている」現状も指摘されている[15]．

(3) 教育的効果

特徴との関連があるが，「山形方式」の教育的効果として，次の9点が指摘されている[16]．

① 地域への関心の高まり，② 一地域人としての自覚，③ 地域の大人や子どもとのふれあい・交流・相互作用による価値観の変容，④ 出会いと感動，⑤ 自主性・協調性・創造性・主体的に行動する力の涵養，⑥ つくりあげる喜びと成し遂げる達成感・充実感，⑦ 会員同士のふれあいと信頼感・仲間意識の醸成，⑧ 自己有用感・自己肯定感，⑨ 地域の教育力再生

ここに示された教育的効果は，継続的な活動が展開されていることが前提になっていると捉えることができる．それに加えて，一つのサークルの活動として完結するのではなく，それを取り巻く周辺環境との相互補完的な実践が展開されていることも推察される．

(4) サークルについて

① サークル数・活動者数の経年変化

1996年度以降の活動中のサークル数の推移をみると，1996年度から2006・2007年度までは概ね増加傾向にあったが，その後はやや減少しながら今日に至っている．また，休止中のサークル数は，2004年度以降増加傾向にあり，活動中のサークル数が減少し始めた2008・2009年度は20サークルを超えている（表4-4-1参照）．

サークル総数は増加傾向から頭打ちの状態になりつつある．数字上は増加している時期もあるが，その内実は，新規に結成されるサークルもあれば活動休止になるサークルもあり，それが相殺し合って結果的には微増という形になっている．また，休止に関しては指導者の影響が大きい．あまり精力的に関わら

ない指導者がサークルにつくと，高校生がサークルや活動から離れて，サークルが機能しなくなるケースがある．その一方で，熱心な指導者が担当になると，新たに活動を始めたり，休止中のサークルの名前を変えるなどリニューアルして復活させるというケースも見られる．

活動者数（全体）に関しては，1996年度から2005年度までは増加傾向にあったが，それ以降は減少傾向にある．この動きはサークル数の推移より1年度早くなっており，前年度増加した活動者が翌年度新規にサークル活動を始める

表4-4-1 サークル数と活動者数の推移　　　　　　　　　　　　　　　カッコ内：%

	活動中のサークル数	休止中のサークル数	サークル総数	活動者数							
				全体	男女別		年代別				
					男性	女性	小学生	中学生	高校生	大学生・専門学校生	勤労青少年
1996年度	56	1	57	956	—	—	—	—	—	—	—
1997年度	63	0	63	1,100	—	—	—	—	—	—	—
1998年度	60	4	64	1,184	—	—	—	—	—	—	—
1999年度	61	8	69	1,152	—	—	—	—	—	—	—
2000年度	63	10	73	1,193 (100.0)	309 (25.9)	884 (74.1)	28 (2.3)	305 (25.6)	625 (52.4)	98 (8.2)	137 (11.5)
2001年度	69	11	80	1,236 (100.0)	333 (26.9)	903 (73.1)	34 (2.8)	341 (27.6)	635 (51.4)	85 (6.9)	141 (11.4)
2002年度	77	5	82	1,374 (100.0)	388 (28.2)	986 (71.8)	81 (5.9)	306 (22.3)	658 (47.9)	137 (10.0)	192 (14.0)
2003年度	86	7	93	1,664 (100.0)	478 (28.7)	1,186 (71.3)	74 (4.4)	360 (21.6)	855 (51.4)	176 (10.6)	199 (12.0)
2004年度	86	12	98	1,606 (100.0)	463 (28.8)	1,143 (71.2)	87 (5.4)	344 (21.4)	795 (49.5)	169 (10.5)	211 (13.1)
2005年度	90	12	102	1,609 (100.0)	443 (27.5)	1,166 (72.5)	65 (4.0)	376 (23.4)	730 (45.4)	231 (14.4)	207 (12.9)
2006年度	92	14	106	1,578 (100.0)	486 (30.8)	1,092 (69.2)	95 (6.0)	390 (24.7)	654 (41.4)	216 (13.7)	223 (14.1)
2007年度	92	16	108	1,524 (100.0)	483 (31.7)	1,041 (68.3)	90 (5.9)	381 (25.0)	663 (43.5)	184 (12.1)	206 (13.5)
2008年度	83	23	106	1,362 (100.0)	443 (32.5)	919 (67.5)	128 (9.4)	312 (22.9)	622 (45.7)	104 (7.6)	196 (14.4)
2009年度	86	22	108	1,274 (100.0)	432 (33.9)	842 (66.1)	130 (10.2)	287 (22.5)	541 (42.5)	108 (8.5)	208 (16.3)

（注1）各年度12月現在のデータ．ただし，2009年度は6月現在のデータ．
（注2）2009年8月24日に提供を受けた資料をもとに筆者が一部修正．

などしたことが反映されているのではないかと考えられる．男女比は，概ね男性3割，女性7割の比率であるが，2006年度以降男性が微増傾向にあり，今後の動向に注目したい．年代別では，2009年度では小学生約10%，中学生約20%，高校生約40%，大学生・専門学校生約10%，勤労青少年約15%といった構成である．2000年度以降の動向を見ると，小学生と勤労青少年が増加傾向に，高校生が減少傾向にあることがわかる．

　ただ，そうした状況を打破すべく，様々な対策が講じられている．その一つに，「やってみよう！　YYボランティア」がある．これは，ボランティア活動に興味・関心を持つ高校生等を対象に参加するきっかけを提供するという位置づけで，既存のサークルの活動を短期間体験してもらうというものである．2004年度から「YYボランティアの日」（8月23日・24日）を中心に実施されている[17]．多い年には100名を超える参加者があるものの，それがサークルの加入などにつながるケースは少なく，十分な成果を収めているとはいえないというのが実情である．

② サークルの実態

　山形県は，4地区（村山・最上・置賜・庄内）から構成されており，サークルの分布は，置賜地区29.5%，庄内地区28.2%，村山地区25.6%，最上地区16.7%となっており，最上地区の占める割合がやや少ないが，おおよそ県内全域に満遍なく存在していることがわかる（表4-4-2参照）．

　次にサークルがいつできたのか，創立年をみてみる．ここでは，創立年をⅠ期（1976年以前〜1985年），Ⅱ期（1986〜1995年），Ⅲ期（1996〜2005年），Ⅳ期（2006〜2008年）の4つに分類した．

　全体では，Ⅲ期が47.4%で最も多く，半数近くはこの時期にできたことがわかる．また，Ⅰ期が29.5%で約3割あり，Ⅰ・Ⅲで全体の4分の3以上を占めている．地区別では，村山地区は全体の傾向とほぼ同様であるが，他の3地区は傾向が異なる．最上地区はⅠ期が53.8%で，半数以上のサークルがこの時期にできており，20年以上の歴史のあるサークルが多いことがわかる．他方，庄内地区はⅢ期が68.2%，Ⅳ期が9.0%となっており，1996年以降にできたサ

ークルが8割近く, できてから10数年の比較的新しいサークルが多い地域であることがわかる. 置賜地区はⅢ期が52.2%, Ⅱ期が26.1%で, Ⅱ・Ⅲ期で約8割あり, 10～20年の活動実績のあるサークルが多いことがわかる.

さらに, 会員数に着目したい. 会員数を「1～5人」「6～10人」「11～15人」「16～20人」「21人以上」の5つに分類して構成比を算出した (表4-4-2参照).

全体では,「6～10人」と「21人以上」が21.8%で最も多く, 以下,「11～15人」20.5%,「1～5人」19.2%,「16～20人」16.7%となった.「1～5人」と「6～10人」を合わせると4割を超えることから, 10人以下の比較的少数の会員で構成されるサークルが多いことがわかる. 地区別にみると, 村山地区は「11～15人」35.0%, 最上地区は「6～10人」38.5%, 置賜地区は「21人

表4-4-2　地区別サークル数（創立年・会員数）　　　　　　　カッコ内：%

		村山地区	最上地区	置賜地区	庄内地区	合計
		20 (25.6)	13 (16.7)	23 (29.5)	22 (28.2)	78 (100.0)
創立年	Ⅰ期 1976年以前～1985年	8 (40.0)	7 (53.8)	4 (17.4)	4 (18.2)	23 (29.5)
	Ⅱ期 1986年～1995年	3 (15.0)	2 (15.4)	6 (26.1)	1 (4.5)	12 (15.4)
	Ⅲ期 1996年～2005年	8 (40.0)	2 (15.4)	12 (52.2)	15 (68.2)	37 (47.4)
	Ⅳ期 2006年～2008年	1 (5.0)	2 (15.4)	1 (4.3)	2 (9.0)	6 (7.7)
会員数	1～5人	2 (10.0)	2 (15.4)	2 (8.7)	9 (40.9)	15 (19.2)
	6～10人	4 (20.0)	5 (38.5)	4 (17.4)	4 (18.2)	17 (21.8)
	11～15人	7 (35.0)	2 (15.4)	5 (21.7)	2 (9.1)	16 (20.5)
	16～20人	5 (25.0)	2 (15.4)	3 (13.0)	3 (13.6)	13 (16.7)
	21人以上	2 (10.0)	2 (15.4)	9 (39.1)	4 (18.2)	17 (21.8)

以上」39.1％，庄内地区は「1～5人」40.9％がそれぞれ最も多かった．このことから，庄内地区は少人数で，置賜地区は比較的大人数で構成されるサークルが多く，村山地区と最上地区はその中間で10数名のサークルが多いことがわかる．

　庄内地区は，新しいサークルが生まれたり，消滅したりということが見られるため，会員数の少ないサークルが多くなっている．また，歴史のあるサークルが多い最上地区も会員数の少ないサークルがあるが，伝統があるゆえに，もともと高校生の生徒数が少なく，少子化の影響を受けているなかでも，会員数が大きく減少することなく継続できている．10～20年の歴史があるサークルの多い置賜地区は，他地区と異なり，小学生の会員が多く所属しているサークルがあること，奉仕活動的な取り組みを行っている中学生のサークルが登録していることなどを背景に，会員数としては多くなっている．

　なお，いずれの地区にも共通する点として，高校生等が既存のサークルという組織に所属することなく活動するケースがあることが挙げられる．その実態の詳細を把握できていないため，サークル活動の内容や活性化が一概に会員数に結びついているといえるか否か，判断に苦慮する側面がある．しかしながら，それがまた「YYボランティア」の特徴でもあることを留意する必要がある．

③ 高校生サークル

　高校生サークルに着目すると，高校生が会員となっているサークルは47サークルであった．その47サークルの内訳を地区別にみると，村山地区14（29.8％），庄内地区13（27.7％），最上地区10（21.3％），置賜地区10（21.3％）となっており，地区による大きな偏りがないことがわかった．

　サークル全体の実態でも確認したが，県内4地区のうち最上地区の活動には歴史があり，安定した運営が行われている．そこでは，高校生のOB・OGが指導補助等で運営に関わり，地域に強く根付いた活動を展開している．そのためサークル活動が衰退することなくうまく機能している．また，サークルのネーミングについても，変更等はなく，古風な印象を受けるネーミングが多いのが特徴である．

その一方で，山形市などの都市部（村山地区）では，サークルが新しくできたり潰れたりすることが頻繁にあり，それが繰り返されやすい傾向にある．また，高校生の数も，活動拠点となる公民館も，数量的には他地区よりも多いはずであるが，それほど広く定着していないという現実がある．

サークルに所属している高校生に関して，所属高校数別のサークル数をみると，1つの学校の高校生から構成されているサークルが10（21.3%）で最も多かった．以下，3校が9サークル（19.1%），2校が6サークル（12.8%），6校が5サークル（10.6%），5校・7校が各々4サークル（8.5%），4校・9校が各々3サークル（6.4%），8校が2サークル（4.3%），10校が1サークル（2.1%）であった．この結果から，8割近くのサークルは，複数の学校に所属する高校生から構成されていることがわかる．このことは，地域に基盤を置いたサークル活動の大きな特徴であるといえる．

これは，地域に密着した活動ができるという利点がある反面，課題もある．高校生の所属校が複数にまたがるため，集合・活動日時を設定するのに苦慮することが多々ある．多くの高校生は学校で部活動に参加しているため，平日の夜に集まるケースが出てくる．時間帯によっては，保護者の理解が得られないと活動が円滑にできないという側面もある．

(5) 教育委員会の関わり

山形県内の全市町村にサークルがあり，サークル不在地域はないが，これが実現できたのは最近になってからである．また，一つの自治体に一つのサークルという活動環境のところもあり，そうしたケースでは各自治体の教育委員会が主導してサークル運営を行っている．

活動中の高校生の安全確保という面でボランティア保険の存在は看過できないが，これも，原則として市町村教育委員会が社会教育事業費の一部として計上して全額負担している．また，地域基盤の活動であるため，高校生は基本的には徒歩や自転車等で動くことのできる範囲の活動に取り組むことになるが，「ヤングボランティアフェスティバル」[18]のような全域的なイベントの場合には，

イベント会場までの移動についても教育委員会が負担している．

また，6〜8月にかけて，4地区すべてで県内の青年の家や自然の家を会場に，交流・体験実習を中心に2泊3日の日程で「YYボランティアセミナー」を実施している．「YYボランティアセミナー」をはじめ日常的なサークル活動の運営に関しては，県内4つの教育事務所や青年の家等の理解・協力が不可欠となっている．山形県は古くから社会教育に力を入れ，公民館活動も積極的に支援してきた．それが基盤となって，他県では見ることができない「山形方式」が息づくことにつながっている．

3　実践から得られる知見

本節で確認してきたように，「山形方式」「YYボランティア」の源流は公民館主事・派遣社会教育主事の呼びかけにみることができる．また，その後のサークル活動の活況・衰退も公民館主事・派遣社会教育主事からの影響が大きい．派遣社会教育主事は，「昭和49年度当時の文部省が国庫補助事業として実施し

表4-4-3　社会教育職員数の経年変化（全国・山形県）

		専任社会教育主事		派遣社会教育主事		専任公民館主事	
		全国	山形県	全国	山形県	全国	山形県
年度	1975年度	3902	76	924	9	6505	300
	1978年度	4314	82	1666	31	7698	325
	1981年度	4551	81	1794	31	7608	300
	1984年度	4215	71	1703	29	6295	285
	1987年度	4186	87	1671	29	6956	280
	1990年度	4173	79	1645	29	7248	314
	1993年度	3983	71	1623	29	7609	268
	1996年度	4000	89	1643	23	7489	273
	1999年度	3599	64	1326	9	6954	238
	2002年度	3279	57	1056	12	6546	196
	2005年度	2600	58	693	12	5760	176
	2008年度	2077	56	294	0	5190	181
増減率 （％）	1978〜1996年度	−7.3	8.5	−1.4	−25.8	−2.7	−16.0
	1978〜1999年度	−16.6	−22.0	−20.4	−71.0	−9.7	−26.8
	1978〜2008年度	−51.9	−31.7	−82.4	−100.0	−32.6	−44.3

（注）各年度社会教育調査報告書をもとに筆者が作成．

てから全国的に普及」[19]したが，1998年度から補助制度は廃止された．

　表4-4-3からもわかるように，派遣社会教育主事は，全国・山形県ともに，1981年度調査をピークに減少傾向に転じた．「山形方式」「YYボランティア」が始まった1976年の状況に近いと推察される1978年度調査と補助制度があった状況（1996年度調査）となくなった状況（1999年度調査）を比較すると，増減率が，前者では−25.8％であったのに対して，後者では−71.0％となっており，補助制度廃止後の減少率が大きいことがわかる．専任社会教育主事や専任公民館主事のケースと比較してもそれは顕著である．こうした状況下で，今日まで「山形方式」「YYボランティア」が形骸化することなく，機能していることは注目に値する．しかし，派遣社会教育主事に依拠する度合いは草創期と比較すれば小さくなってきている．また，限られた人員でこれまでの方法を踏襲・発展させるのは困難であることも事実である．サークル指導者・担当者に関して，「行財政改革の進行にともなう人的・予算的な規模縮小，あるいは自治体の合併や公民館への指定管理者制度の導入等により多忙化が進み，サークルの指導が困難になっている現状がある．また，サークル指導が業務の一環であり，人事異動により担当者が交代することは避けられず，長期的な展望を持って指導することが難しい」[20]とされている．今後の「山形方式」「YYボランティア」の展開を考える上で，人的資源の問題は看過できない．

【注記・参考文献】
（1）岡本包治「地域単位の高校生ボランティア活動−山形県における青少年地域活動の研究−」『社会教育』51(10)，全日本社会教育連合会，1996年，pp. 80-83．
（2）堀米幹夫「高校時代のボランティア体験とその若者たちのその後」『月刊生徒指導』27(7)，学事出版，1997年，pp. 28-32．
（3）山形県青年の家「「山形方式」のヤングボランティア活動」『青少年問題』48(1)，青少年問題研究会，2001年，pp. 51-56．
（4）渋谷邦武「ALOTEから見た「山形方式」とは」『月刊社会教育』47(2)，国土社，2003年，pp. 29-35．
（5）佐久間章「事例「山形県の高校生ボランティアサークルの活動」」『青少年とボランティア活動』（生涯学習研究e事典），2006年
（6）山形県青年の家「「山形方式」の地域青少年ボランティア活動の支援に向けて」

『月刊公民館』(495)，全国公民館連合会，1998年，pp. 9-13．
（7）編集部「ともに生きる社会をめざす－ボランティア活動の中に自己をはぐくむ山形の青少年たち－」『青少年問題』22(6)，青少年問題研究会，1975年，pp. 27-33．
（8）山形県中山町教育委員会「ボランティアサークル育成から見えてくるまちづくり」『月刊公民館』(544)，全国公民館連合会，2002年，pp. 9-12．
（9）菊川昌彦「地域に根付いた高校生のボランティア活動」『月刊福祉』70(7)，全国社会福祉協議会，1987年，pp. 92-97．
（10）山形県教育庁「平成21年度当初予算要求の概要」2008年
（11）前掲（5）
（12）山形県青少年ボランティア支援センター調査研究実行委員会「YYボランティアのすばらしさを見つめ，広げよう」『平成20年度山形県青少年ボランティア支援センター調査研究実行委員会　YYボランティア活動記録集』山形県青年の家，2009年，p. 1．
（13）http://www.seinen.jp/（2010年7月8日閲覧）
（14）前掲（12），p. 58．
（15）山形県青少年ボランティア支援センター調査研究実行委員会『文部科学省委託「地域ボランティア活動支援センターの在り方に関する調査研究事業　中間報告』2009年，p. 12．
（16）前掲（12），p. 1．
（17）活動体験者数は，2004年度768名，2005年度403名（高校生94名），2006年度572名（同168名），2007年度859名（同157名），2008年度620名（同107名）となっている．（前掲（12），p. 4.）
（18）10月中旬の土・日曜日に開催される山形県内のボランティア交流会である．サークルはもちろん，中学校・高校単位での参加も可能となっている．時期や名称，主管等が変わることもあったが，その原型は「高校生ボランティア情報交換のつどい」（1978年度）まで遡ることができる．
（19）加藤雅晴「派遣社会教育主事」『生涯学習・社会教育実践用語解説』全日本社会教育連合会，2002年，p. 145．
（20）前掲（15）

　本節は，林幸克「山形県における高校生のボランティア活動－『山形方式』『YYボランティア』の実践－」『ボランティア学習研究』11，2010年，pp. 37-43．をもとに加筆・修正したものである．

おわりに

1 "意図的「失敗」体験"の必要性

　第1章では，ボランティア活動等体験活動に関する施策・支援について検討した．そこでは，文部科学省が「学びのすすめ」(2002年)，学習指導要領一部改正（2003年）を通して学力を重視する姿勢を示しながら，その一方で体験活動の充実・振興にも力を入れてきたことを確認した．2002年以降の中央教育審議会や教育再生会議などにおいて体験活動に関する議論が活発に展開され，それを反映させる形で奉仕活動やボランティア活動，自然体験活動，環境学習，文化体験といった体験活動を推進する事業が継続的に行われるようになった．その成果の一端として，中学生・高校生の自然体験が徐々にではあるが豊かになりつつあることなどが示された．その一方で，高等学校の実情に即してみると，ボランティア活動に関する相談・情報提供窓口の整備等が不十分であること，活動記録の作成状況が低調であること，活動の場の偏りが大きいことなどの課題も浮かんできた．

　今後は，そうした課題を克服しながら，体験活動の量的な拡充を図ると同時にその質を深化させることにも目を向けていく必要がある．その際，『失敗学』という概念に着目したい．『失敗学』とは，「失敗の特性を理解し，不必要な失敗を繰り返さないとともに，失敗からその人を成長させる新たな知識を学ぼうというのが『失敗学』の趣旨なのです．別のいい方をすれば，マイナスイメージがつきまとう失敗を忌み嫌わずに直視することで，失敗を新たな創造というプラス方向に転じさせて活用しようというのが『失敗学』の目指すべき姿です．」とされる（畑村洋太郎『失敗学のすすめ』講談社文庫，2005年，p.28）．

　学校教育においてボランティア活動等体験活動を行う際，事前学習から始まり，体験活動，事後学習まで丁寧に進められる場合が多い．その背後には，子どもに様々なことを学んでもらいたい，そして教育的効果を高めようとする教師側の意図がある．そのため，一連の学習の過程で子どもが躓いたり，「失敗

しそうな体験や場面はできるだけ回避しようとする．そこから得られる成功体験はそれはそれで意義があるが，子どもが「失敗」から学び，考えるような機会を意図的に設ける，すなわち"意図的「失敗」体験"を企図することも一考である．学校の教育活動であるからこそ許される「失敗」もあるはずであり，その「失敗」体験が活きるように効果的に仕掛けていくことが，体験活動の質を高めるためには重要である．

2　学習「機会」の提供の仕方

第2章では教育課程におけるボランティア活動の実施状況について考察した．特別活動に焦点を当てて全般的な傾向をみると，それぞれの活動での実施状況は，ホームルーム活動で約40％，学校行事で約60％，生徒会活動で約65％であった．各活動における実施率が異なる要因として，ボランティア活動の相対的な位置づけの問題，活動時間の確保の問題等が挙げられた．

具体的な実践事例としては，大阪府私立聖母女学院高等学校の学校行事，佐賀県立高志館高等学校の部活動の在り方を検証した．前者では，タイ隊に関して，タイ隊で実際に活動できる人数は限られているが，その経験や学習成果を在校生に伝えることで，学習成果の還元，経験・意識の共有化が図られていることが示された．そして，それが次なる活動希望者を育て，タイ隊が学校のボランティア文化・伝統として根付いていくことになっていることが推察された．後者では，JRC部に着目して，地域社会に根差した活動を展開することで活動を安定的・継続的に行うことが可能となっていることがわかった．

これらのデータや実践事例から，高校生に対しては，ただボランティア活動をやらせるというのではなく，ボランティア活動の求められる歴史的・社会的背景や高校時代に取り組むことの意味などを理論的に整理して説明し，実践の意義と効果の理解を促すことが必要とされるという示唆を得た．これは，学習「機会」の提供の仕方に関わるものである．

この「機会」を考える上で，剣道における打突の「機会」の中の「三つの許さぬところ」の教えが有用である．重要な打突の機会として，①出頭（相手

が攻めよう，技を出そうとする起こり），②技の尽きたところ（相手の技の尽きたところや技から次の技へ移ろうとする切れ目），③居付いたところ（攻められて動揺し，心の動きが止まり，動作を起こすことができないところ）があるが，これは学習「機会」の提供の仕方に援用して考えることができる．

　子どもが活動したい思いを持つようになり，何か行動に移そうとしている時（①出頭），子どもが様々な活動に取り組んで次の活動をどうしようか思案している時（②技の尽きたところ），子どもが教師の提案に対して揺さぶられたり，ハッとさせられたりした様子を見せている時（③居付いたところ），この3つの「機会」が教師の仕掛け時である．それまでの子どもの学習や体験の蓄積，教師とのやり取り等を加味しながら，今，その時，その状態の子どもに対して何が最適かを見極めて，学習「機会」を提供することが求められる．

3　ボランティア活動の基本理念の「捉え方」

　第3章では，ボランティア活動の単位認定について実践状況を検証した．単位認定制度は，生徒の能力や適性，興味・関心等の多様化を認め，それが反映される学校外での活動を評価することに主眼が置かれているため，それが単位認定をする学校の増加という形で表れている．しかしながら，単位認定制度があっても，実際に単位認定される生徒がきわめて少ないことが明らかになった．単位認定制度が十分に運用されていない要因として，学校組織として制度活用のための支援体制の確立が不十分であること，ボランティア活動の「捉え方」が曖昧であること等がある．

　具体的な実践として，岡山県私立倉敷翠松高等学校と神奈川県立横浜清陵総合高等学校の事例を取り上げた．前者では，ボランティア活動の単位認定を進める上では，学校組織全体で合意形成した上で，校務分掌にその担当・役割を位置づけることが重要であることが示唆された．後者では，各種教科・科目でもボランティア活動を取り上げているため，生徒も教師も，どの活動がどこまで単位認定の対象となるか否か混乱し，明確な区分けが難しい側面があったが，学校が杓子定規な対応をすることなく，生徒が自分のやりたい活動を自由に実

践する環境を醸成したことが有効であったことが示された．

　学校教育の一環として行うボランティア活動は学習の意味合いが含まれるボランティア学習であり，単位認定されるボランティア活動は，ボランティア活動の基本理念（自発性や無償性，公共性，先駆性など）に則ったものであり，ボランティア学習とは異なる部分がある．このボランティア活動の基本理念は一見すると非常にわかりやすいが，それですべてのボランティア活動が解釈・説明できるかというと必ずしもそうではない．導入教育として始めたボランティア学習が契機となって将来的にボランティア活動になることは多々ある．当初は"見返り（みかえり）"を期待して始めた活動でも，継続していく中で考え方や行動が変わり，活動体験が自己の糧になり，結果的に"身還り（みかえり）"を得るということもある．理念は理念として理解する必要があるが，厳密にこれがボランティア活動でそれはボランティア学習というような区別をすることよりは，子どもの思いを尊重した支援をすることが重要である．

4　「遊び」心を持った実践

　第4章では，地域性を活かした具体的な実践を取り上げて分析を試みた．まず，全般的な傾向としては，単位認定に関して関東で実施される傾向にあること，九州・沖縄では特別活動（学校行事）での取り組みが活発であること，総合的な学習の時間では九州・沖縄，中国・四国で取り組む学校が多いことなどが明らかになり，地域によって実情が異なることが示された．それを踏まえ，3つの実践を検討した．

　中山間地域における実践として和歌山県立大成高等学校の事例を取り上げた．そこでは，地域に密着した活動が展開され，高校生だけの活動として完結するのではなく，地域と連携した活動に，つまり，自己完結的な活動ではなく地域還元的な活動になっていた．次に，伝統・文化を活かした実践として徳島県立板野高等学校の事例を取り上げた．そこでは，「お接待」を中心に，地域社会に根差した活動が無理なく行われており，普通科高校のボランティア活動活性化のためには，その地域の伝統・文化に着目することが重要であることが示さ

れた．最後に，社会教育における実践として山形県「YYボランティア」の事例を取り上げた．そこでは，「山形方式」「YYボランティア」の源流は公民館主事・派遣社会教育主事の呼びかけにみることができ，その後のサークル活動の活況・衰退も公民館主事・派遣社会教育主事からの影響が大きいことが示された．

　いずれの実践も，従来から学校教育で頻繁に取り組まれてきた活動（例えば，募金活動，清掃活動，施設訪問活動など）に縛られることなく，それぞれの地域のソーシャル・キャピタルを有効に活用した試みがなされている．いわば，固定観念を打ち払って，「遊び」心を持ちながら進めているのである．この「遊び」に関して，ロジェ・カイヨワは，「遊びにおいては，競争か，偶然か，模擬か，眩暈か，そのいずれかの役割が優位を占めているのである．私はそれを，それぞれアゴン（試合，競技），アレア（さいころ，賭け），ミミクリ（真似，模倣，擬態），イリンクス（渦巻）と名づける．これら四つはいずれも明らかに遊びの領域に属している．」としている（ロジェ・カイヨワ，多田道太郎・塚崎幹夫訳）『遊びと人間』講談社学術文庫，1990年，p. 44)．これをボランティア活動に置き換えて考えてみると，例えば，環境系活動をする際に他者・他集団と競い合うように資源回収をすること，目に見える成果が向上すること（アゴン），第一希望ではない活動でたまたま新鮮な発見や出会いに巡り合うことで活動意欲が高まること（アレア），高齢者や障害者，子どもとうまくコミュニケーションをとっている仲間を見て真似てみることで自分もできるようになること（ミミクリ），活動成果が評価されたり，具体的な施策に反映されることになった時の感動（イリンクス）など，共通する部分がある．子どもの発達段階を加味しながら，特定の領域・要素に偏ることなく，活動を企画・実践することで，より魅力的なものになり得るのである．そうした「遊び」心を持つ余裕・視野が教師をはじめとした指導者には不可欠である．

5　今後の課題

　今後の課題として3点を挙げることができる．第1は，新学習指導要領の実

施に関するものである．本書は，1999年告示の学習指導要領下で展開されている活動に着目したわけであるが，今後，新学習指導要領が実施されていく過程で，どのような活動が行われるのか，継続的にみていく必要がある．その異同を明らかにすることで，新学習指導要領下でボランティア活動を行う方向性を示すことができると思われる．

　第2は，ボランティア活動の単位認定の定着・促進に関わるものである．本書では，実施状況を明らかにするに留まっており，それを踏まえて，単位認定の定着・促進のためにどのような方策をとることが望ましいのか，その提言をするまでには至っていない．見方を変えれば，提言するだけの判断材料を揃えきれなかったともいえる．補足調査の実施を視野に入れながら，より丁寧な分析・考察が求められる．

　第3は，小学校・中学校への言及についてである．高等学校の実態についてはある程度明らかになったが，その前段階である小学校や中学校の実態については，まったく言及していない．本書では高等学校に焦点を当てているのでやむを得ないが，高等学校に入学する前までにどのようなボランティア体験をしてきたのかを掌握してこそ，高等学校の実践の充実化も図ることができるはずである．その意味で，小学校・中学校からの連続性を意識した研究を継続することが必要である．

あとがき

　本書は，科学研究費補助金（若手研究(B)　課題番号20730515）「高等学校におけるボランティア活動の単位認定の実施状況に関する実証的研究」（平成20～22年度）を受けて行った研究成果をもとに整理したものである．

　当初は，高等学校におけるボランティア活動の単位認定の実施状況を2つの側面から実証的に明らかにすることを試みた．まず1つは，定量的調査によるアプローチである．質問紙調査を用いて，ボランティア活動の単位認定や教育課程内外における実践状況，活動支援に関わる教師の意識等を検討し，地域性による差異があることなどを示した．第2は，定性的調査によるアプローチである．聞き取り調査から全国各地の特色ある実践に触れ，いずれの事例も地域に密着した活動を展開していることなどが知見として得られた．また，個別の学校だけではなく，教育委員会からの聞き取りを通して，より広域的な状況を把握することも可能となった．

　研究を進めていく過程で，ボランティア活動の単位認定を基盤に，高校教育におけるボランティア活動の現状と課題を明らかにすることも視野に入れながら取り組むことになった．より禁欲的にボランティア活動の単位認定だけに限定して，焦点化しながら検証すればまた違ったアプローチから示唆に富む結果が得られたかもしれないが，今回は，それが適わず大きな課題として残った．その一方で，1999年改訂学習指導要領下での実践状況を多少なりとも検証できたのではないかとも考えている．

　いずれにせよ，研究蓄積が十分とは言えない研究領域・テーマであるだけに，継続的に研究を進めていく必要を強く感じる．

　本書をまとめるにあたり，たくさんの方々からご支援・ご協力をいただいた．質問紙調査や聞き取り調査，資料交換に協力していただいた高等学校の諸先生方，また，学会における成果報告の場でご指導・ご助言をいただいた諸先生方，本当に多くの方々のお力添えのおかげで研究を遂行することができた．さらに，

出版に至るまでのお力添えをいただいた学文社の田中千津子社長，山口満先生（中部学院大学）にも深謝する．

　それから，調査研究で不在がちな筆者に対して理解を示し，献身的に協力してくれた妻　順子，娘　朋果にも，記して感謝申し上げたい．

2011年6月
林　幸克

索引

あ行

アゴン（試合，競技）　186
遊び　186
アレア（さいころ，賭け）　186
安全確保　149, 167, 178
安全教育　85
異質な他者　47
"意図的「失敗」体験"　183
イリンクス（渦巻）　186
インターアクト　83
　——クラブ　48, 62, 82, 83, 90, 91
　——部　62
インターンシップ　119-121
お接待　158-164, 168, 169, 185
お遍路道　159

か行

学芸的行事　70
学習指導要領　170
　——一部改正　11-13, 32, 182
課題研究　56
学校教育法施行規則第98条第3号（1998年文部省告示）　93, 100
学校行事　57, 63, 64, 66, 68, 71, 75, 134, 140, 158, 161, 183, 185
学校設定科目　157
学校設定教科「学校外活動」科目「ボランティア活動」　116
学校設定教科・科目　53, 133, 152
学校風土・生徒文化　115
学校保健センター　168
活動記録用紙　40, 138
活動報告書　47, 109, 138
環境学習の推進　24
観光ボランティア　78
キー・コンピテンシー　32
キャリア教育　14, 15, 18, 22
キャリア形成　121, 162
教育改革国民会議　13, 20
教育課程　101, 183
教育再生会議　19
教科「家庭」・科目「ボランティア」　104
勤労生産・奉仕的行事　57, 64, 65, 158

言語活動　18
現代テーマ研究　157
高校生サークル　177
高校生よみかたりボランティア事業　154
公民館主事　171, 179, 186
校務分掌　100, 111, 114, 126, 184
高齢者施設　44
コーディネーター　88
顧問　88-91

さ行

茶道教育　104
JRC　48, 62, 79, 80, 83-85, 88, 89, 150
　——部　62, 82-84, 87, 88, 90, 164, 183
事後学習　78, 80, 161, 162, 182
自己完結的な活動　154, 185
施設ボランティア　107
事前学習　73, 78, 161, 182
　——・事後学習　18, 80
　——と事後学習　70
　——・事後学習　63
事前指導　129
自然体験活動の推進　24
失敗学　182
社会教育施設　32, 47, 151, 154, 170, 172
社会教育調査　31
社会生活基本調査　156
　——報告　34
社会的有用感　163
社会福祉協議会　44
生涯学習　18
情報提供　36, 38, 45, 46, 75, 88, 108, 137
　——等　108
新学習指導要領　11, 12, 21, 32, 186, 187
人権教育　164, 169
人権サークル　164
進路多様校　48
青少年育成施策大綱　155
青少年教育施設　17
青少年自立支援　25
生徒会　38, 46
　——活動　60, 63, 65, 135, 183
　——系　36
生徒指導　24
　——提要　22

潜在的カリキュラム　　71
専任公民館主事　　180
専任社会教育主事　　180
専門教育　　52, 56, 132
総合的な学習の時間　　55, 136, 140, 185
ソーシャル・キャピタル　　186

た　行

体験活動　　22, 24, 25, 32, 33
　　——の充実　　12
　　——への助成　　25
タイ隊　　69-78, 183
打突の「機会」　　183
単位認定　　92-95, 100, 130, 140, 184, 185, 187
　　——制度　　184
　　——の議論　　92
地域活動ボランティア　　107
地域還元的な活動　　154, 185
徳島研究　　157, 158, 160
特別活動　　49, 56, 133, 140, 158, 183, 185
特別支援学校　　44

な　行

内閣府経済財政諮問会議　　21
日本スポーツ振興センター　　167
日本体育・学校保健センター　　169

は　行

派遣社会教育主事　　171, 179, 180, 186
部活動　　38, 46, 61, 136
部活動系　　36
福祉教育　　66
普通教育　　50, 131
振り返り　　46, 47, 73, 78, 80, 109
　　——学習　　22, 69
文化祭　　69, 70
文化体験の推進　　24
保育所　　44
報告書　　40
奉仕活動・ボランティア活動の推進　　24
ポートフォリオ　　46
ホームルーム　　183
　　——活動　　56, 63, 64, 133, 161
ボランティア・コーディネーター　　142, 145
ボランティア・ディバイド　　165
ボランティア・パスポート　　40, 138
ボランティア学習　　35, 100, 101, 113, 121, 185
ボランティア活動　　32
ボランティア活動保険　　167
ボランティアクラブ　　144-146, 153
ボランティア推進委員会　　123-127, 129
ボランティアセンター　　142
ボランティア同好会　　144, 146
ボランティア保険　　86, 112, 167, 168, 178

ま　行

『学びのすすめ』　　11, 32, 182
"身還り（みかえり）"　　185
ミミクリ（真似，模倣，擬態）　　186

や　行

山形方式　　171-173, 179, 180, 186
山形ヤング（Yamagata Young）ボランティア　　172

ら　行

旅行・集団宿泊的行事　　68, 70

わ　行

YYボランティア　　172, 177, 179, 180, 186

著者略歴

林　幸克（はやし　ゆきよし）

1974年岐阜県生まれ。
岐阜大学大学院教育学研究科准教授。博士（学術）。剣道錬士六段。東京都大田区教育委員会社会教育指導員，国立オリンピック記念青少年総合センター客員研究員，名古屋学院大学経済学部講師・准教授を経て，2010年4月より現職。

〈専門〉 ボランティア学習論，青少年教育論，特別活動論
〈主な所属学会等〉　日本特別活動学会（常任理事），日本ボランティア学習協会（理事），日本学校教育学会，日本生涯教育学会など
〈主著〉 「高校生のボランティア学習」（単著，学事出版，2007）
「改訂　特別活動概論」（共編著，久美出版，2009）
「学校経営・ホームルーム経営の理論と実践」（編著，三恵社，2010）など

高校教育におけるボランティア活動
―データと事例に基づく実証的検証―

2011年8月10日　第1版第1刷発行

　　　　　　　　　　　　　　著　者　林　　幸　克
　　　　　　　　　　　　　　発行者　田　中　千津子
　　　　　　　　　　　　　　発行所　㈱学文社
　　　　〒153-0064　東京都目黒区下目黒3-6-1
　　　　　　電話　(03)3715-1501㈹　振替 00130-9-98842
　　　　　　　　http://www.gakubunsha.com

落丁・乱丁の場合は，本社にてお取替します　　印刷／新灯印刷㈱
定価は，売上カード・カバーに表示してあります　　〈検印省略〉

ISBN 978-4-7620-2202-9
© 2011　HAYASHI YUKIYOSHI　Printed in Japan